German Verbs

BROCKHAMPTON PRESS

This edition published 1995 by Brockhampton Press,
a member of Hodder Headline PLC.

ISBN 1 86019 027 8

Printed and bound in Slovenia.

Verb Forms

Auxiliary: auxiliary verbs are used to form compound tenses of verbs, eg *have* in *I have seen*. The auxiliary verbs in German are *haben*, *sein* and *werden*.

Compound: compound tenses are verb tenses consisting of more than one element. In German, compound tenses are formed by an *auxiliary* verb and the *past participle* or infinitive, eg *er hat gefunden – he has found*, *wir werden fahren – we will travel*.

Conditional: the conditional is introduced in English by the auxiliary *would*, eg *I would come if I had the time*. In German, this comprises the imperfect subjunctive of *werden* and the infinitive, eg *ich würde machen*.

Imperative: the imperative is used for giving orders, eg *sei gut – be good*, or making suggestions, eg *gehen wir – let's go*.

Imperfect indicative: in German, this tense describes past habitual or continuous action or, in writing, completed past action, eg *ich ging – I was going*.

Indicative: the normal form of a verb, as in *ich mag – I like*, *er ist gekommen – he has come*, *ich laufe – I am running*.

Past participle: this is the form used after the auxiliary *have* in English, eg *gegessen – eaten* in *ich habe gegessen – I have eaten.*

Perfect indicative: in German this is the standard past tense of conversation, comprising the *present indicative* of *haben* or *sein* and the *past participle*, eg *ich habe gegeben – I have given, du bist gewesen – you have been.*

Pluperfect indicative: in German and English, this tense expresses an action which happened in the past before another past action. In German, this comprises the *imperfect indicative* of *haben* or *sein* and the *past participle*, eg *he hatte getan – he had done, sie waren angekommen – they had arrived.*

Present participle: this is the form which ends in *-ing* in English, eg *gehend – going.*

Subjunctive: this is rarely used in English. It survives in expressions such as *if I were you,* and *God save the Queen.* In German, the subjunctive is used to convey reported speech.

ankommen *to arrive*

Present participle ankommend
Past participle angekommen

Present indicative	*Present subjunctive*
ich komme an	ich komme an
du kommst an	du kommest an
er kommt an	er komme an
wir kommen an	wir kommen an
ihr kommt an	ihr kommet an
sie kommen an	sie kommen an
Imperfect indicative	*Imperfect subjunctive*
ich kam an	ich käme an
du kamst an	du kämest an
er kam an	er käme an
wir kamen an	wir kämen an
ihr kamt an	ihr kämet an
sie kamen an	sie kämen an
Perfect indicative	*Future indicative*
ich bin angekommen	ich werde ankommen
du bist angekommen	du wirst ankommen
er ist angekommen	er wird ankommen
wir sind angekommen	wir werden ankommen
ihr seid angekommen	ihr werdet ankommen
sie sind angekommen	sie werden ankommen
Pluperfect indicative	*Conditional*
ich war angekommen	ich würde ankommen
du warst angekommen	du würdest ankommen
er war angekommen	er würde ankommen
wir waren angekommen	wir würden ankommen
ihr wart angekommen	ihr würdet ankommen
sie waren angekommen	sie würden ankommen

Imperative komm(e) an! kommen wir an! kommt an!
kommen Sie an!

arbeiten *to work*

Present participle arbeitend
Past participle gearbeitet

Present indicative
ich arbeite
du arbeitest
er arbeitet
wir arbeiten
ihr arbeitet
sie arbeiten

Imperfect indicative
ich arbeitete
du arbeitetest
er arbeitete
wir arbeiteten
ihr arbeitetet
sie arbeiteten

Perfect indicative
ich habe gearbeitet
du hast gearbeitet
er hat gearbeitet
wir haben gearbeitet
ihr habt gearbeitet
sie haben gearbeitet

Pluperfect indicative
ich hatte gearbeitet
du hattest gearbeitet
er hatte gearbeitet
wir hatten gearbeitet
ihr hattet gearbeitet
sie hatten gearbeitet

Present subjunctive
ich arbeite
du arbeitest
er arbeite
wir arbeiten
ihr arbeitet
sie arbeiten

Imperfect subjunctive
ich arbeitete
du arbeitetest
er arbeitete
wir arbeiteten
ihr arbeitetet
sie arbeiteten

Future indicative
ich werde arbeiten
du wirst arbeiten
er wird arbeiten
wir werden arbeiten
ihr werdet arbeiten
sie werden arbeiten

Conditional
ich würde arbeiten
du würdest arbeiten
er würde arbeiten
wir würden arbeiten
ihr würdet arbeiten
sie würden arbeiten

Imperative arbeite! arbeiten wir! arbeitet! arbeiten Sie!

atmen *to breathe*

Present participle atmend
Past participle geatmet

Present indicative	*Present subjunctive*
ich atme	ich atme
du atmest	du atmest
er atmet	er atme
wir atmen	wir atmen
ihr atmet	ihr atmet
sie atmen	sie atmen
Imperfect indicative	*Imperfect subjunctive*
ich atmete	ich atmete
du atmetest	du atmetest
er atmete	er atmete
wir atmeten	wir atmeten
ihr atmetet	ihr atmetet
sie atmeten	sie atmeten
Perfect indicative	*Future indicative*
ich habe geatmet	ich werde atmen
du hast geatmet	du wirst atmen
er hat geatmet	er wird atmen
wir haben geatmet	wir werden atmen
ihr habt geatmet	ihr werdet atmen
sie haben geatmet	sie werden atmen
Pluperfect indicative	*Conditional*
ich hatte geatmet	ich würde atmen
du hattest geatmet	du würdest atmen
er hatte geatmet	er würde atmen
wir hatten geatmet	wir würden atmen
ihr hattet geatmet	ihr würdet atmen
sie hatten geatmet	sie würden atmen

Imperative atme! atmen wir! atmet! atmen Sie!

backen *to bake*

Present participle backend
Past participle gebacken

Present indicative	*Present subjunctive*
ich backe	ich backe
du bäckst	du backest
er bäckt	er backe
wir backen	wir backen
ihr backt	ihr backet
sie backen	sie backen

Imperfect indicative	*Imperfect subjunctive*
ich backte	ich backte
du backtest	du backtest
er backte	er backte
wir backten	wir backten
ihr backtet	ihr backtet
sie backten	sie backten

Perfect indicative	*Future indicative*
ich habe gebacken	ich werde backen
du hast gebacken	du wirst backen
er hat gebacken	er wird backen
wir haben gebacken	wir werden backen
ihr habt gebacken	ihr werdet backen
sie haben gebacken	sie werden backen

Pluperfect indicative	*Conditional*
ich hatte gebacken	ich würde backen
du hattest gebacken	du würdest backen
er hatte gebacken	er würde backen
wir hatten gebacken	wir würden backen
ihr hattet gebacken	ihr würdet backen
sie hatten gebacken	sie würden backen

Imperative back(e)! backen wir! backt! backen Sie!

befehlen *to command*

Present participle befehlend
Past participle befohlen

Present indicative	*Present subjunctive*
ich befehle	ich befehle
du befiehlst	du befehlest
er befiehlt	er befehle
wir befehlen	wir befehlen
ihr befehlt	ihr befehlet
sie befehlen	sie befehlen

Imperfect indicative	*Imperfect subjunctive*
ich befahl	ich befähle
du befahlst	du befählest
er befahl	er befähle
wir befahlen	wir befählen
ihr befahlt	ihr befählet
sie befahlen	sie befählen

Perfect indicative	*Future indicative*
ich habe befohlen	ich werde befehlen
du hast befohlen	du wirst befehlen
er hat befohlen	er wird befehlen
wir haben befohlen	wir werden befehlen
ihr habt befohlen	ihr werdet befehlen
sie haben befohlen	sie werden befehlen

Pluperfect indicative	*Conditional*
ich hatte befohlen	ich würde befehlen
du hattest befohlen	du würdest befehlen
er hatte befohlen	er würde befehlen
wir hatten befohlen	wir würden befehlen
ihr hattet befohlen	ihr würdet befehlen
sie hatten befohlen	sie würden befehlen

Imperative befiehl! befehlen wir! befehlt! befehlen Sie!

beginnen *to begin*

Present participle beginnend
Past participle begonnen

Present indicative	*Present subjunctive*
ich beginne	ich beginne
du beginnst	du beginnest
er beginnt	er beginne
wir beginnen	wir beginnen
ihr beginnt	ihr beginnet
sie beginnen	sie beginnen

Imperfect indicative	*Imperfect subjunctive*
ich begann	ich begänne
du begannst	du begännest
er begann	er begänne
wir begannen	wir begännen
ihr begannt	ihr begännet
sie begannen	sie begännen

Perfect indicative	*Future indicative*
ich habe begonnen	ich werde beginnen
du hast begonnen	du wirst beginnen
er hat begonnen	er wird beginnen
wir haben begonnen	wir werden beginnen
ihr habt begonnen	ihr werdet beginnen
sie haben begonnen	sie werden beginnen

Pluperfect indicative	*Conditional*
ich hatte begonnen	ich würde beginnen
du hattest begonnen	du würdest beginnen
er hatte begonnen	er würde beginnen
wir hatten begonnen	wir würden beginnen
ihr hattet begonnen	ihr würdet beginnen
sie hatten begonnen	sie würden beginnen

Imperative beginn(e)! beginnen wir! beginnt! beginnen Sie!

beißen *to bite*
Present participle beißend
Past participle gebissen

Present indicative	*Present subjunctive*
ich beiße	ich beiße
du beißt	du beißest
er beißt	er beiße
wir beißen	wir beißen
ihr beißt	ihr beißet
sie beißen	sie beißen
Imperfect indicative	*Imperfect subjunctive*
ich biß	ich bisse
du bissest	du bissest
er biß	er bisse
wir bissen	wir bissen
ihr bißt	ihr bisset
sie bissen	sie bissen
Perfect indicative	*Future indicative*
ich habe gebissen	ich werde beißen
du hast gebissen	du wirst beißen
er hat gebissen	er wird beißen
wir haben gebissen	wir werden beißen
ihr habt gebissen	ihr werdet beißen
sie haben gebissen	sie werden beißen
Pluperfect indicative	*Conditional*
ich hatte gebissen	ich würde beißen
du hattest gebissen	du würdest beißen
er hatte gebissen	er würde beißen
wir hatten gebissen	wir würden beißen
ihr hattet gebissen	ihr würdet beißen
sie hatten gebissen	sie würden beißen

Imperative beiß(e)! beißen wir! beißt! beißen Sie!

bergen *to rescue; to hide*

Present participle bergend
Past participle geborgen

Present indicative	*Present subjunctive*
ich berge	ich berge
du birgst	du bergest
er birgt	er berge
wir bergen	wir bergen
ihr bergt	ihr berget
sie bergen	sie bergen

Imperfect indicative	*Imperfect subjunctive*
ich barg	ich bärge
du bargst	du bärgest
er barg	er bärge
wir bargen	wir bärgen
ihr bargt	ihr bärget
sie bargen	sie bärgen

Perfect indicative	*Future indicative*
ich habe geborgen	ich werde bergen
du hast geborgen	du wirst bergen
er hat geborgen	er wird bergen
wir haben geborgen	wir werden bergen
ihr habt geborgen	ihr werdet bergen
sie haben geborgen	sie werden bergen

Pluperfect indicative	*Conditional*
ich hatte geborgen	ich würde bergen
du hattest geborgen	du würdest bergen
er hatte geborgen	er würde bergen
wir hatten geborgen	wir würden bergen
ihr hattet geborgen	ihr würdet bergen
sie hatten geborgen	sie würden bergen

Imperative birg! bergen wir! bergt! bergen Sie!

bergen *to burst*

Present participle berstend
Past participle geborsten

Present indicative	*Present subjunctive*
ich berste	ich berste
du birst	du berstest
er birst	er berste
wir birsten	wir bersten
ihr birst	ihr berstet
sie bersten	sie bersten

Imperfect indicative	*Imperfect subjunctive*
ich barst	ich bärste
du barstest	du bärstest
er barst	er bärste
wir barsten	wir bärsten
ihr barstet	ihr bärstet
sie barsten	sie bärsten

Perfect indicative	*Future indicative*
ich bin geborsten	ich werde bersten
du bist geborsten	du wirst bersten
er ist geborsten	er wird bersten
wir sind geborsten	wir werden bersten
ihr seid geborsten	ihr werdet bersten
sie sind geborsten	sie werden bersten

Pluperfect indicative	*Conditional*
ich war geborsten	ich würde bersten
du warst geborsten	du würdest bersten
er war geborsten	er würde bersten
wir waren geborsten	wir würden bersten
ihr wart geborsten	ihr würdet bersten
sie waren geborsten	sie würden bersten

Imperative birst! bersten wir! berstet! bersten Sie!

biegen *to bend, turn*
Present participle biegend
Past participle gebogen

Present indicative	*Present subjunctive*
ich biege	ich biege
du biegst	du biegest
er biegt	er biege
wir biegen	wir biegen
ihr biegt	ihr bieget
sie biegen	sie biegen

Imperfect indicative	*Imperfect subjunctive*
ich bog	ich böge
du bogst	du bögest
er bog	er böge
wir bogen	wir bögen
ihr bogt	ihr böget
sie bogen	sie bögen

Perfect indicative	*Future indicative*
ich bin/habe gebogen	ich werde biegen
du bist/hast gebogen	du wirst biegen
er ist/hat gebogen	er wird biegen
wir sind/haben gebogen	wir werden biegen
ihr seid/habt gebogen	ihr werdet biegen
sie sind/haben gebogen	sie werden biegen

Pluperfect indicative	*Conditional*
ich war/hatte gebogen	ich würde biegen
du warst/hattest gebogen	du würdest biegen
er war/hatte gebogen	er würde biegen
wir waren/hatten gebogen	wir würden biegen
ihr wart/hattet gebogen	ihr würdet biegen
sie waren/hatten gebogen	sie würden biegen

Imperative bieg(e)! biegen wir! biegt! biegen Sie!

bieten *to offer*

Present participle bietend
Past participle geboten

Present indicative	*Present subjunctive*
ich biete	ich biete
du bietest	du bietest
er bietet	er biete
wir bieten	wir bieten
ihr bietet	ihr bietet
sie bieten	sie bieten

Imperfect indicative	*Imperfect subjunctive*
ich bot	ich böte
du bot(e)st	du bötest
er bot	er böte
wir boten	wir böten
ihr botet	ihr bötet
sie boten	sie böten

Perfect indicative	*Future indicative*
ich habe geboten	ich werde bieten
du hast geboten	du wirst bieten
er hat geboten	er wird bieten
wir haben geboten	wir werden bieten
ihr habt geboten	ihr werdet bieten
sie haben geboten	sie werden bieten

Pluperfect indicative	*Conditional*
ich hatte geboten	ich würde bieten
du hattest geboten	du würdest bieten
er hatte geboten	er würde bieten
wir hatten geboten	wir würden bieten
ihr hattet geboten	ihr würdet bieten
sie hatten geboten	sie würden bieten

Imperative biet(e)! bieten wir! bietet! bieten Sie!

binden *to tie*

Present participle bindend
Past participle gebunden

Present indicative	*Present subjunctive*
ich binde	ich binde
du bindest	du bindest
er bindet	er binde
wir binden	wir binden
ihr bindet	ihr bindet
sie binden	sie binden

Imperfect indicative	*Imperfect subjunctive*
ich band	ich bände
du band(e)st	du bändest
er band	er bände
wir banden	wir bänden
ihr bandet	ihr bändet
sie banden	sie bänden

Perfect indicative	*Future indicative*
ich habe gebunden	ich werde binden
du hast gebunden	du wirst binden
er hat gebunden	er wird binden
wir haben gebunden	wir werden binden
ihr habt gebunden	ihr werdet binden
sie haben gebunden	sie werden binden

Pluperfect indicative	*Conditional*
ich hatte gebunden	ich würde binden
du hattest gebunden	du würdest binden
er hatte gebunden	er würde binden
wir hatten gebunden	wir würden binden
ihr hattet gebunden	ihr würdet binden
sie hatten gebunden	sie würden binden

Imperative bind(e)! binden wir! bindet! binden Sie!

bitten *to request*

Present participle bittend
Past participle gebeten

Present indicative	*Present subjunctive*
ich bitte	ich bitte
du bittest	du bittest
er bittet	er bitte
wir bitten	wir bitten
ihr bittet	ihr bittet
sie bitten	sie bitten

Imperfect indicative	*Imperfect subjunctive*
ich bat	ich bäte
du bat(e)st	du bätest
er bat	er bäte
wir baten	wir bäten
ihr batet	ihr bätet
sie baten	sie bäten

Perfect indicative	*Future indicative*
ich habe gebeten	ich werde bitten
du hast gebeten	du wirst bitten
er hat gebeten	er wird bitten
wir haben gebeten	wir werden bitten
ihr habt gebeten	ihr werdet bitten
sie haben gebeten	sie werden bitten

Pluperfect indicative	*Conditional*
ich hatte gebeten	ich würde bitten
du hattest gebeten	du würdest bitten
er hatte gebeten	er würde bitten
wir hatten gebeten	wir würden bitten
ihr hattet gebeten	ihr würdet bitten
sie hatten gebeten	sie würden bitten

Imperative bitt(e)! bitten wir! bittet! bitten Sie!

21

blasen *to blow*

Present participle blasend
Past participle geblasen

Present indicative	*Present subjunctive*
ich blase	ich blase
du bläst	du blasest
er bläst	er blase
wir blasen	wir blasen
ihr blast	ihr blaset
sie blasen	sie blasen

Imperfect indicative	*Imperfect subjunctive*
ich blies	ich bliese
du bliesest	du bliesest
er blies	er bliese
wir bliesen	wir bliesen
ihr bliest	ihr blieset
sie bliesen	sie bliesen

Perfect indicative	*Future indicative*
ich habe geblasen	ich werde blasen
du hast geblasen	du wirst blasen
er hat geblasen	er wird blasen
wir haben geblasen	wir werden blasen
ihr habt geblasen	ihr werdet blasen
sie haben geblasen	sie werden blasen

Pluperfect indicative	*Conditional*
ich hatte geblasen	ich würde blasen
du hattest geblasen	du würdest blasen
er hatte geblasen	er würde blasen
wir hatten geblasen	wir würden blasen
ihr hattet geblasen	ihr würdet blasen
sie hatten geblasen	sie würden blasen

Imperative blas(e)! blasen wir! blast! blasen Sie!

bleiben *to remain*

Present participle bleibend
Past participle geblieben

Present indicative	*Present subjunctive*
ich bleibe	ich bleibe
du bleibst	du bleibest
er bleibt	er bleibe
wir bleiben	wir bleiben
ihr bleibt	ihr bleibet
sie bleiben	sie bleiben

Imperfect indicative	*Imperfect subjunctive*
ich blieb	ich bliebe
du bliebst	du bliebest
er blieb	er bliebe
wir blieben	wir blieben
ihr bliebt	ihr bliebet
sie blieben	sie blieben

Perfect indicative	*Future indicative*
ich bin geblieben	ich werde bleiben
du bist geblieben	du wirst bleiben
er ist geblieben	er wird bleiben
wir sind geblieben	wir werden bleiben
ihr seid geblieben	ihr werdet bleiben
sie sind geblieben	sie werden bleiben

Pluperfect indicative	*Conditional*
ich war geblieben	ich würde bleiben
du warst geblieben	du würdest bleiben
er war geblieben	er würde bleiben
wir waren geblieben	wir würden bleiben
ihr wart geblieben	ihr würdet bleiben
sie waren geblieben	sie würden bleiben

Imperative bleib(e)! bleiben wir! bleibt! bleiben Sie!

braten *to fry, roast*
Present participle bratend
Past participle gebraten

Present indicative	*Present subjunctive*
ich brate	ich brate
du brätst	du bratest
er brät	er brate
wir braten	wir braten
ihr bratet	ihr bratet
sie braten	sie braten

Imperfect indicative	*Imperfect subjunctive*
ich briet	ich briete
du briet(e)st	du brietest
er briet	er briete
wir brieten	wir brieten
ihr brietet	ihr brietet
sie brieten	sie brieten

Perfect indicative	*Future indicative*
ich habe gebraten	ich werde braten
du hast gebraten	du wirst braten
er hat gebraten	er wird braten
wir haben gebraten	wir werden braten
ihr habt gebraten	ihr werdet braten
sie haben gebraten	sie werden braten

Pluperfect indicative	*Conditional*
ich hatte gebraten	ich würde braten
du hattest gebraten	du würdest braten
er hatte gebraten	er würde braten
wir hatten gebraten	wir würden braten
ihr hattet gebraten	ihr würdet braten
sie hatten gebraten	sie würden braten

Imperative brat(e)! braten wir! bratet! braten Sie!

brechen *to break*

Present participle brechend
Past participle gebrochen

Present indicative	*Present subjunctive*
ich breche	ich breche
du brichst	du brechest
er bricht	er breche
wir brechen	wir brechen
ihr brecht	ihr brechet
sie brechen	sie brechen

Imperfect indicative	*Imperfect subjunctive*
ich brach	ich bräche
du brachst	du brächest
er brach	er bräche
wir brachen	wir brächen
ihr bracht	ihr brächet
sie brachen	sie brächen

Perfect indicative	*Future indicative*
ich habe gebrochen	ich werde brechen
du hast gebrochen	du wirst brechen
er hat gebrochen	er wird brechen
wir haben gebrochen	wir werden brechen
ihr habt gebrochen	ihr werdet brechen
sie haben gebrochen	sie werden brechen

Pluperfect indicative	*Conditional*
ich hatte gebrochen	ich würde brechen
du hattest gebrochen	du würdest brechen
er hatte gebrochen	er würde brechen
wir hatten gebrochen	wir würden brechen
ihr hattet gebrochen	ihr würdet brechen
sie hatten gebrochen	sie würden brechen

Imperative brich! brechen wir! brecht! brechen Sie!

brennen *to burn*

Present participle brennend
Past participle gebrannt

Present indicative	*Present subjunctive*
ich brenne	ich brenne
du brennst	du brennest
er brennt	er brenne
wir brennen	wir brennen
ihr brennt	ihr brennet
sie brennen	sie brennen

Imperfect indicative	*Imperfect subjunctive*
ich brannte	ich brennte
du branntest	du brenntest
er brannte	er brennte
wir brannten	wir brennten
ihr branntet	ihr brenntet
sie brannten	sie brennten

Perfect indicative	*Future indicative*
ich habe gebrannt	ich werde brennen
du hast gebrannt	du wirst brennen
er hat gebrannt	er wird brennen
wir haben gebrannt	wir werden brennen
ihr habt gebrannt	ihr werdet brennen
sie haben gebrannt	sie werden brennen

Pluperfect indicative	*Conditional*
ich hatte gebrannt	ich würde brennen
du hattest gebrannt	du würdest brennen
er hatte gebrannt	er würde brennen
wir hatten gebrannt	wir würden brennen
ihr hattet gebrannt	ihr würdet brennen
sie hatten gebrannt	sie würden brennen

Imperative brenn(e)! brennen wir! brennt! brennen Sie!

bringen *to bring*

Present participle bringend
Past participle gebracht

Present indicative
ich bringe
du bringst
er bringt
wir bringen
ihr bringt
sie bringen

Imperfect indicative
ich brachte
du brachtest
er brachte
wir brachten
ihr brachtet
sie brachten

Perfect indicative
ich habe gebracht
du hast gebracht
er hat gebracht
wir haben gebracht
ihr habt gebracht
sie haben gebracht

Pluperfect indicative
ich hatte gebracht
du hattest gebracht
er hatte gebracht
wir hatten gebracht
ihr hattet gebracht
sie hatten gebracht

Present subjunctive
ich bringe
du bringest
er bringe
wir bringen
ihr bringet
sie bringen

Imperfect subjunctive
ich brächte
du brächtest
er brächte
wir brächten
ihr brächtet
sie brächten

Future indicative
ich werde bringen
du wirst bringen
er wird bringen
wir werden bringen
ihr werdet bringen
sie werden bringen

Conditional
ich würde bringen
du würdest bringen
er würde bringen
wir würden bringen
ihr würdet bringen
sie würden bringen

Imperative bring(e)! bringen wir! bringt! bringen Sie!

denken *to think*

Present participle denkend
Past participle gedacht

Present indicative	*Present subjunctive*
ich denke	ich denke
du denkst	du denkest
er denkt	er denke
wir denken	wir denken
ihr denkt	ihr denket
sie denken	sie denken
Imperfect indicative	*Imperfect subjunctive*
ich dachte	ich dächte
du dachtest	du dächtest
er dachte	er dächte
wir dachten	wir dächten
ihr dachtet	ihr dächtet
sie dachten	sie dächten
Perfect indicative	*Future indicative*
ich habe gedacht	ich werde denken
du hast gedacht	du wirst denken
er hat gedacht	er wird denken
wir haben gedacht	wir werden denken
ihr habt gedacht	ihr werdet denken
sie haben gedacht	sie werden denken
Pluperfect indicative	*Conditional*
ich hatte gedacht	ich würde denken
du hattest gedacht	du würdest denken
er hatte gedacht	er würde denken
wir hatten gedacht	wir würden denken
ihr hattet gedacht	ihr würdet denken
sie hatten gedacht	sie würden denken

Imperative denk(e)! denken wir! denkt! denken Sie!

dreschen *to thresh*

Present participle dreschend
Past participle gedroschen

Present indicative	*Present subjunctive*
ich dresche	ich dresche
du drischst	du dreschest
er drischt	er dresche
wir dreschen	wir dreschen
ihr drescht	ihr dreschet
sie dreschen	sie dreschen

Imperfect indicative	*Imperfect subjunctive*
ich drosch	ich drösche
du drosch(e)st	du dröschest
er drosch	er drösche
wir droschen	wir dröschen
ihr droscht	ihr dröschet
sie droschen	sie dröschen

Perfect indicative	*Future indicative*
ich habe gedroschen	ich werde dreschen
du hast gedroschen	du wirst dreschen
er hat gedroschen	er wird dreschen
wir haben gedroschen	wir werden dreschen
ihr habt gedroschen	ihr werdet dreschen
sie haben gedroschen	sie werden dreschen

Pluperfect indicative	*Conditional*
ich hatte gedroschen	ich würde dreschen
du hattest gedroschen	du würdest dreschen
er hatte gedroschen	er würde dreschen
wir hatten gedroschen	wir würden dreschen
ihr hattet gedroschen	ihr würdet dreschen
sie hatten gedroschen	sie würden dreschen

Imperative drisch! dreschen wir! drescht! dreschen Sie!

dringen *to penetrate*

Present participle dringend
Past participle gedrungen

Present indicative	*Present subjunctive*
ich dringe	ich dringe
du dringst	du dringest
er dringt	er dringe
wir dringen	wir dringen
ihr dringt	ihr dringet
sie dringen	sie dringen

Imperfect indicative	*Imperfect subjunctive*
ich drang	ich dränge
du drangst	du drängest
er drang	er dränge
wir drangen	wir drängen
ihr drangt	ihr dränget
sie drangen	sie drängen

Perfect indicative	*Future indicative*
ich bin gedrungen	ich werde dringen
du bist gedrungen	du wirst dringen
er ist gedrungen	er wird dringen
wir sind gedrungen	wir werden dringen
ihr seid gedrungen	ihr werdet dringen
sie sind gedrungen	sie werden dringen

Pluperfect indicative	*Conditional*
ich war gedrungen	ich würde dringen
du warst gedrungen	du würdest dringen
er war gedrungen	er würde dringen
wir waren gedrungen	wir würden dringen
ihr wart gedrungen	ihr würdet dringen
sie waren gedrungen	sie würden dringen

Imperative dring(e)! dringen wir! dringt! dringen Sie!

dürfen *to be allowed to*

Present participle dürfend
Past participle gedurft/dürfen*

Present indicative	*Present subjunctive*
ich darf	ich dürfe
du darfst	du dürfest
er darf	er dürfe
wir dürfen	wir dürfen
ihr dürft	ihr dürfet
sie dürfen	sie dürfen

Imperfect indicative	*Imperfect subjunctive*
ich durfte	ich dürfte
du durftest	du dürftest
er durfte	er dürfte
wir durften	wir dürften
ihr durftet	ihr dürftet
sie durften	sie dürften

Perfect indicative	*Future indicative*
ich habe gedurft	ich werde dürfen
du hast gedurft	du wirst dürfen
er hat gedurft	er wird dürfen
wir haben gedurft	wir werden dürfen
ihr habt gedurft	ihr werdet dürfen
sie haben gedurft	sie werden dürfen

Pluperfect indicative	*Conditional*
ich hatte gedurft	ich würde dürfen
du hattest gedurft	du würdest dürfen
er hatte gedurft	er würde dürfen
wir hatten gedurft	wir würden dürfen
ihr hattet gedurft	ihr würdet dürfen
sie hatten gedurft	sie würden dürfen

*dürfen *is used when preceded by an infinitive*

empfehlen *to recommend*

Present participle empfehlend
Past participle empfohlen

Present indicative
ich empfehle
du empfiehlst
er empfiehlt
wir empfehlen
ihr empfehlt
sie empfehlen

Present subjunctive
ich empfehle
du empfehlest
er empfehle
wir empfehlen
ihr empfehlet
sie empfehlen

Imperfect indicative
ich empfahl
du empfahlst
er empfahl
wir empfahlen
ihr empfahlt
sie empfahlen

Imperfect subjunctive
ich empföhle
du empföhlest
er empföhle
wir empföhlen
ihr empföhlet
sie empföhlen

Perfect indicative
ich habe empfohlen
du hast empfohlen
er hat empfohlen
wir haben empfohlen
ihr habt empfohlen
sie haben empfohlen

Future indicative
ich werde empfehlen
du wirst empfehlen
er wird empfehlen
wir werden empfehlen
ihr werdet empfehlen
sie werden empfehlen

Pluperfect indicative
ich hatte empfohlen
du hattest empfohlen
er hatte empfohlen
wir hatten empfohlen
ihr hattet empfohlen
sie hatten empfohlen

Conditional
ich würde empfehlen
du würdest empfehlen
er würde empfehlen
wir würden empfehlen
ihr würdet empfehlen
sie würden empfehlen

Imperative empfiehl! empfehlen wir! empfehlt! empfehlen Sie!

erlöschen *to go out* (*of lights*)
Present participle erlöschend
Past participle erloschen

Present indicative	*Present subjunctive*
ich erlösche	ich erlösche
du erlischst	du erlöschest
er erlischt	er erlösche
wir erlöschen	wir erlöschen
ihr erlöscht	ihr erlöschet
sie erlöschen	sie erlöschen

Imperfect indicative	*Imperfect subjunctive*
ich erlosch	ich erlösche
du erlosch(e)st	du erlöschest
er erlosch	er erlösche
wir erloschen	wir erlöschen
ihr erloscht	ihr erlöschet
sie erloschen	sie erlöschen

Perfect indicative	*Future indicative*
ich bin erloschen	ich werde erlöschen
du bist erloschen	du wirst erlöschen
er ist erloschen	er wird erlöschen
wir sind erloschen	wir werden erlöschen
ihr seid erloschen	ihr werdet erlöschen
sie sind erloschen	sie werden erlöschen

Pluperfect indicative	*Conditional*
ich war erloschen	ich würde erlöschen
du warst erloschen	du würdest erlöschen
er war erloschen	er würde erlöschen
wir waren erloschen	wir würden erlöschen
ihr wart erloschen	ihr würdet erlöschen
sie waren erloschen	sie würden erlöschen

Imperative erlisch! erlöschen wir! erlöscht! erlöschen Sie!

33

erzählen *to tell, narrate*

Present participle erzählend
Past participle erzählt

Present indicative	*Present subjunctive*
ich erzähle	ich erzähle
du erzählst	du erzählest
er erzählt	er erzähle
wir erzählen	wir erzählen
ihr erzählt	ihr erzählet
sie erzählen	sie erzählen

Imperfect indicative	*Imperfect subjunctive*
ich erzählte	ich erzählte
du erzähltest	du erzähltest
er erzählte	er erzählte
wir erzählten	wir erzählten
ihr erzähltet	ihr erzähltet
sie erzählten	sie erzählten

Perfect indicative	*Future indicative*
ich habe erzählt	ich werde erzählen
du hast erzählt	du wirst erzählen
er hat erzählt	er wird erzählen
wir haben erzählt	wir werden erzählen
ihr habt erzählt	ihr werdet erzählen
sie haben erzählt	sie werden erzählen

Pluperfect indicative	*Conditional*
ich hatte erzählt	ich würde erzählen
du hattest erzählt	du würdest erzählen
er hatte erzählt	er würde erzählen
wir hatten erzählt	wir würden erzählen
ihr hattet erzählt	ihr würdet erzählen
sie hatten erzählt	sie würden erzählen

Imperative erzähl(e)! erzählen wir! erzählt! erzählen Sie!

essen *to eat*

Present participle essend
Past participle gegessen

Present indicative	*Present subjunctive*
ich esse	ich esse
du ißt	du essest
er ißt	er esse
wir essen	wir essen
ihr eßt	ihr esset
sie essen	sie essen

Imperfect indicative	*Imperfect subjunctive*
ich aß	ich äße
du aßest	du äßest
er aß	er äße
wir aßen	wir äßen
ihr aßt	ihr äßet
sie aßen	sie äßen

Perfect indicative	*Future indicative*
ich habe gegessen	ich werde essen
du hast gegessen	du wirst essen
er hat gegessen	er wird essen
wir haben gegessen	wir werden essen
ihr habt gegessen	ihr werdet essen
sie haben gegessen	sie werden essen

Pluperfect indicative	*Conditional*
ich hatte gegessen	ich würde essen
du hattest gegessen	du würdest essen
er hatte gegessen	er würde essen
wir hatten gegessen	wir würden essen
ihr hattet gegessen	ihr würdet essen
sie hatten gegessen	sie würden essen

Imperative iß! essen wir! eßt! essen Sie!

fahren *to go, travel, drive*

Present participle fahrend
Past participle gefahren

Present indicative	*Present subjunctive*
ich fahre	ich fahre
du fährst	du fahrest
er fährt	er fahre
wir fahren	wir fahren
ihr fahrt	ihr fahret
sie fahren	sie fahren

Imperfect indicative	*Imperfect subjunctive*
ich fuhr	ich führe
du fuhrst	du führest
er fuhr	er führe
wir fuhren	wir führen
ihr fuhrt	ihr führet
sie fuhren	sie führen

Perfect indicative	*Future indicative*
ich bin/habe gefahren	ich werde fahren
du bist/hast gefahren	du wirst fahren
er ist/hat gefahren	er wird fahren
wir sind/haben gefahren	wir werden fahren
ihr seid/habt gefahren	ihr werdet fahren
sie sind/haben gefahren	sie werden fahren

Pluperfect indicative	*Conditional*
ich war/hatte gefahren	ich würde fahren
du warst/hattest gefahren	du würdest fahren
er war/hatte gefahren	er würde fahren
wir waren/hatten gefahren	wir würden fahren
ihr wart/hattet gefahren	ihr würdet fahren
sie waren/hatten gefahren	sie würden fahren

Imperative fahr(e)! fahren wir! fahrt! fahren Sie!

fallen *to fall*

Present participle fallend
Past participle gefallen

Present indicative	*Present subjunctive*
ich falle	ich falle
du fällst	du fallest
er fällt	er falle
wir fallen	wir fallen
ihr fallt	ihr fallet
sie fallen	sie fallen

Imperfect indicative	*Imperfect subjunctive*
ich fiel	ich fiele
du fielst	du fielest
er fiel	er fiele
wir fielen	wir fielen
ihr fielt	ihr fielet
sie fielen	sie fielen

Perfect indicative	*Future indicative*
ich bin gefallen	ich werde fallen
du bist gefallen	du wirst fallen
er ist gefallen	er wird fallen
wir sind gefallen	wir werden fallen
ihr seid gefallen	ihr werdet fallen
sie sind gefallen	sie werden fallen

Pluperfect indicative	*Conditional*
ich war gefallen	ich würde fallen
du warst gefallen	du würdest fallen
er war gefallen	er würde fallen
wir waren gefallen	wir würden fallen
ihr wart gefallen	ihr würdet fallen
sie waren gefallen	sie würden fallen

Imperative fall(e)! fallen wir! fallt! fallen Sie!

fangen *to catch*

Present participle fangend
Past participle gefangen

Present indicative	*Present subjunctive*
ich fange	ich fange
du fängst	du fangest
er fängt	er fange
wir fangen	wir fangen
ihr fangt	ihr fanget
sie fangen	sie fangen
Imperfect indicative	*Imperfect subjunctive*
ich fing	ich finge
du fingst	du fingest
er fing	er finge
wir fingen	wir fingen
ihr fingt	ihr finget
sie fingen	sie fingen
Perfect indicative	*Future indicative*
ich habe gefangen	ich werde fangen
du hast gefangen	du wirst fangen
er hat gefangen	er wird fangen
wir haben gefangen	wir werden fangen
ihr habt gefangen	ihr werdet fangen
sie haben gefangen	sie werden fangen
Pluperfect indicative	*Conditional*
ich hatte gefangen	ich würde fangen
du hattest gefangen	du würdest fangen
er hatte gefangen	er würde fangen
wir hatten gefangen	wir würden fangen
ihr hattet gefangen	ihr würdet fangen
sie hatten gefangen	sie würden fangen

Imperative fang(e)! fangen wir! fangt! fangen Sie!

fechten *to fence*

Present participle fechtend
Past participle gefochten

Present indicative	*Present subjunctive*
ich fechte	ich fechte
du fichtst	du fechtest
er ficht	er fechte
wir fechten	wir fechten
ihr fechtet	ihr fechtet
sie fechten	sie fechten

Imperfect indicative	*Imperfect subjunctive*
ich focht	ich föchte
du fochtest	du föchtest
er focht	er föchte
wir fochten	wir föchten
ihr fochtet	ihr föchtet
sie fochten	sie föchten

Perfect indicative	*Future indicative*
ich habe gefochten	ich werde fechten
du hast gefochten	du wirst fechten
er hat gefochten	er wird fechten
wir haben gefochten	wir werden fechten
ihr habt gefochten	ihr werdet fechten
sie haben gefochten	sie werden fechten

Pluperfect indicative	*Conditional*
ich hatte gefochten	ich würde fechten
du hattest gefochten	du würdest fechten
er hatte gefochten	er würde fechten
wir hatten gefochten	wir würden fechten
ihr hattet gefochten	ihr würdet fechten
sie hatten gefochten	sie würden fechten

Imperative ficht! fechten wir! fechtet! fechten Sie!

finden *to find*

Present participle findend
Past participle gefunden

Present indicative	*Present subjunctive*
ich finde	ich finde
du findest	du findest
er findet	er finde
wir finden	wir finden
ihr findet	ihr findet
sie finden	sie finden

Imperfect indicative	*Imperfect subjunctive*
ich fand	ich fände
du fand(e)st	du fändest
er fand	er fände
wir fanden	wir fänden
ihr fandet	ihr fändet
sie fanden	sie fänden

Perfect indicative	*Future indicative*
ich habe gefunden	ich werde finden
du hast gefunden	du wirst finden
er hat gefunden	er wird finden
wir haben gefunden	wir werden finden
ihr habt gefunden	ihr werdet finden
sie haben gefunden	sie werden finden

Pluperfect indicative	*Conditional*
ich hatte gefunden	ich würde finden
du hattest gefunden	du würdest finden
er hatte gefunden	er würde finden
wir hatten gefunden	wir würden finden
ihr hattet gefunden	ihr würdet finden
sie hatten gefunden	sie würden finden

Imperative find(e)! finden wir! findet! finden Sie!

fliegen *to fly*

Present participle fliegend
Past participle geflogen

Present indicative	*Present subjunctive*
ich fliege	ich fliege
du fliegst	du fliegest
er fliegt	er fliege
wir fliegen	wir fliegen
ihr fliegt	ihr flieget
sie fliegen	sie fliegen

Imperfect indicative	*Imperfect subjunctive*
ich flog	ich flöge
du flogst	du flögest
er flog	er flöge
wir flogen	wir flögen
ihr flogt	ihr flöget
sie flogen	sie flögen

Perfect indicative	*Future indicative*
ich bin/habe geflogen	ich werde fliegen
du bist/hast geflogen	du wirst fliegen
er ist/hat geflogen	er wird fliegen
wir sind/haben geflogen	wir werden fliegen
ihr seid/habt geflogen	ihr werdet fliegen
sie sind/haben geflogen	sie werden fliegen

Pluperfect indicative	*Conditional*
ich war/hatte geflogen	ich würde fliegen
du warst/hattest geflogen	du würdest fliegen
er war/hatte geflogen	er würde fliegen
wir waren/hatten geflogen	wir würden fliegen
ihr wart/hattet geflogen	ihr würdet fliegen
sie waren/hatten geflogen	sie würden fliegen

Imperative flieg(e)! fliegen wir! fliegt! fliegen Sie!

fliehen *to flee*

Present participle fliehend
Past participle geflohen

Present indicative	*Present subjunctive*
ich fliehe	ich fliehe
du fliehst	du fliehest
er flieht	er fliehe
wir fliehen	wir fliehen
ihr flieht	ihr fliehet
sie fliehen	sie fliehen

Imperfect indicative	*Imperfect subjunctive*
ich floh	ich flöhe
du flohst	du flöhest
er floh	er flöhe
wir flohen	wir flöhen
ihr floht	ihr flöhet
sie flohen	sie flöhen

Perfect indicative	*Future indicative*
ich bin/habe geflohen	ich werde fliehen
du bist/hast geflohen	du wirst fliehen
er ist/hat geflohen	er wird fliehen
wir sind/haben geflohen	wir werden fliehen
ihr seid/habt geflohen	ihr werdet fliehen
sie sind/haben geflohen	sie werden fliehen

Pluperfect indicative	*Conditional*
ich war/hatte geflohen	ich würde fliehen
du warst/hattest geflohen	du würdest fliehen
er war/hatte geflohen	er würde fliehen
wir waren/hatten geflohen	wir würden fliehen
ihr wart/hattet geflohen	ihr würdet fliehen
sie waren/hatten geflohen	sie würden fliehen

Imperative flieh(e)! fliehen wir! flieht! fliehen Sie!

fließen *to flow*

Present participle fließend
Past participle geflossen

Present indicative	*Present subjunctive*
ich fließe	ich fließe
du fließt	du fließest
er fließt	er fließe
wir fließen	wir fließen
ihr fließt	ihr fließet
sie fließen	sie fließen

Imperfect indicative	*Imperfect subjunctive*
ich floß	ich flösse
du flossest	du flössest
er floß	er flösse
wir floßen	wir flössen
ihr floßt	ihr flösset
sie floßen	sie flössen

Perfect indicative	*Future indicative*
ich bin geflossen	ich werde fließen
du bist geflossen	du wirst fließen
er ist geflossen	er wird fließen
wir sind geflossen	wir werden fließen
ihr seid geflossen	ihr werdet fließen
sie sind geflossen	sie werden fließen

Pluperfect indicative	*Conditional*
ich war geflossen	ich würde fließen
du warst geflossen	du würdest fließen
er war geflossen	er würde fließen
wir waren geflossen	wir würden fließen
ihr wart geflossen	ihr würdet fließen
sie waren geflossen	sie würden fließen

Imperative fließ(e)! fließen wir! fließt! fließen Sie!

fragen *to ask*

Present participle fragend
Past participle gefragt

Present indicative	*Present subjunctive*
ich frage	ich frage
du fragst	du fragest
er fragt	er frage
wir fragen	wir fragen
ihr fragt	ihr fraget
sie fragen	sie fragen

Imperfect indicative	*Imperfect subjunctive*
ich fragte	ich fragte
du fragtest	du fragtest
er fragte	er fragte
wir fragten	wir fragten
ihr fragtet	ihr fragtet
sie fragten	sie fragten

Perfect indicative	*Future indicative*
ich habe gefragt	ich werde fragen
du hast gefragt	du wirst fragen
er hat gefragt	er wird fragen
wir haben gefragt	wir werden fragen
ihr habt gefragt	ihr werdet fragen
sie haben gefragt	sie werden fragen

Pluperfect indicative	*Conditional*
ich hatte gefragt	ich würde fragen
du hattest gefragt	du würdest fragen
er hatte gefragt	er würde fragen
wir hatten gefragt	wir würden fragen
ihr hattet gefragt	ihr würdet fragen
sie hatten gefragt	sie würden fragen

Imperative frag(e)! fragen wir! fragt! fragen Sie!

fressen *to eat (of animals)*

Present participle fressend
Past participle gefressen

Present indicative	*Present subjunctive*
ich fresse	ich fresse
du frißt	du fressest
er frißt	er fresse
wir fressen	wir fressen
ihr freßt	ihr fresset
sie fressen	sie fressen

Imperfect indicative	*Imperfect subjunctive*
ich fraß	ich fräße
du fraßest	du fräßest
er fraß	er fräße
wir fraßen	wir fräßen
ihr fraßt	ihr fräßet
sie fraßen	sie fräßen

Perfect indicative	*Future indicative*
ich habe gefressen	ich werde fressen
du hast gefressen	du wirst fressen
er hat gefressen	er wird fressen
wir haben gefressen	wir werden fressen
ihr habt gefressen	ihr werdet fressen
sie haben gefressen	sie werden fressen

Pluperfect indicative	*Conditional*
ich hatte gefressen	ich würde fressen
du hattest gefressen	du würdest fressen
er hatte gefressen	er würde fressen
wir hatten gefressen	wir würden fressen
ihr hattet gefressen	ihr würdet fressen
sie hatten gefressen	sie würden fressen

Imperative friß! fressen wir! freßt! fressen Sie!

sich freuen *to be pleased*

Present participle freuend
Past participle gefreut

Present indicative	*Present subjunctive*
ich freue mich	ich freue mich
du freust dich	du freuest dich
er freut sich	er freue sich
wir freuen uns	wir freuen uns
ihr freut euch	ihr freuet euch
sie freuen sich	sie freuen sich

Imperfect indicative	*Imperfect subjunctive*
ich freute mich	ich freute mich
du freutest dich	du freutest dich
er freute sich	er freute sich
wir freuten uns	wir freuten uns
ihr freutet euch	ihr freutet euch
sie freuten sich	sie freuten sich

Perfect indicative	*Future indicative*
ich habe mich gefreut	ich werde mich freuen
du hast dich gefreut	du wirst dich freuen
er hat sich gefreut	er wird sich freuen
wir haben uns gefreut	wir werden uns freuen
ihr habt euch gefreut	ihr werdet euch freuen
sie haben sich gefreut	sie werden sich freuen

Pluperfect indicative	*Conditional*
ich hatte mich gefreut	ich würde mich freuen
du hattest dich gefreut	du würdest dich freuen
er hatte sich gefreut	er würde sich freuen
wir hatten uns gefreut	wir würden uns freuen
ihr hattet euch gefreut	ihr würdet euch freuen
sie hatten sich gefreut	sie würden sich freuen

Imperative freue dich! freuen wir uns! freut euch!
freuen Sie sich!

frieren *to freeze*

Present participle frierend
Past participle gefroren

Present indicative	*Present subjunctive*
ich friere	ich friere
du frierst	du frierest
er friert	er friere
wir frieren	wir frieren
ihr friert	ihr frieret
sie frieren	sie frieren

Imperfect indicative	*Imperfect subjunctive*
ich fror	ich fröre
du frorst	du frörest
er fror	er fröre
wir froren	wir frören
ihr frort	ihr fröret
sie froren	sie frören

Perfect indicative	*Future indicative*
ich bin/habe gefroren	ich werde frieren
du bist/hast gefroren	du wirst frieren
er ist/hat gefroren	er wird frieren
wir sind/haben gefroren	wir werden frieren
ihr seid/habt gefroren	ihr werdet frieren
sie sind/haben gefroren	sie werden frieren

Pluperfect indicative	*Conditional*
ich war/hatte gefroren	ich würde frieren
du warst/hattest gefroren	du würdest frieren
er war/hatte gefroren	er würde frieren
wir waren/hatten gefroren	wir würden frieren
ihr wart/hattet gefroren	ihr würdet frieren
sie waren/hatten gefroren	sie würden frieren

Imperative frier(e)! frieren wir! friert! frieren Sie!

führen *to lead*

Present participle führend
Past participle geführt

Present indicative	*Present subjunctive*
ich führe	ich führe
du führst	du führest
er führt	er führe
wir führen	wir führen
ihr führt	ihr führet
sie führen	sie führen

Imperfect indicative	*Imperfect subjunctive*
ich führte	ich führte
du führtest	du führtest
er führte	er führte
wir führten	wir führten
ihr führtet	ihr führtet
sie führten	sie führten

Perfect indicative	*Future indicative*
ich habe geführt	ich werde führen
du hast geführt	du wirst führen
er hat geführt	er wird führen
wir haben geführt	wir werden führen
ihr habt geführt	ihr werdet führen
sie haben geführt	sie werden führen

Pluperfect indicative	*Conditional*
ich hatte geführt	ich würde führen
du hattest geführt	du würdest führen
er hatte geführt	er würde führen
wir hatten geführt	wir würden führen
ihr hattet geführt	ihr würdet führen
sie hatten geführt	sie würden führen

Imperative führ(e)! führen wir! führt! führen Sie!

gebären *to give birth*

Present participle gebärend
Past participle geboren

Present indicative	*Present subjunctive*
ich gebäre	ich gebäre
du gebierst	du gebärest
er gebiert	er gebäre
wir gebären	wir gebären
ihr gebärt	ihr gebäret
sie gebären	sie gebären

Imperfect indicative	*Imperfect subjunctive*
ich gebar	ich gebäre
du gebarst	du gebärest
er gebar	er gebäre
wir gebaren	wir gebären
ihr gebart	ihr gebäret
sie gebaren	sie gebären

Perfect indicative	*Future indicative*
ich habe geboren	ich werde gebären
du hast geboren	du wirst gebären
er hat geboren	er wird gebären
wir haben geboren	wir werden gebären
ihr habt geboren	ihr werdet gebären
sie haben geboren	sie werden gebären

Pluperfect indicative	*Conditional*
ich hatte geboren	ich würde gebären
du hattest geboren	du würdest gebären
er hatte geboren	er würde gebären
wir hatten geboren	wir würden gebären
ihr hattet geboren	ihr würdet gebären
sie hatten geboren	sie würden gebären

Imperative gebier! gebären wir! gebärt! gebären Sie!

geben *to give*

Present participle gebend
Past participle gegeben

Present indicative	*Present subjunctive*
ich gebe	ich gebe
du gibst	du gebest
er gibt	er gebe
wir geben	wir geben
ihr gebt	ihr gebet
sie geben	sie geben

Imperfect indicative	*Imperfect subjunctive*
ich gab	ich gäbe
du gabst	du gäbest
er gab	er gäbe
wir gaben	wir gäben
ihr gabt	ihr gäbet
sie gaben	sie gäben

Perfect indicative	*Future indicative*
ich habe gegeben	ich werde geben
du hast gegeben	du wirst geben
er hat gegeben	er wird geben
wir haben gegeben	wir werden geben
ihr habt gegeben	ihr werdet geben
sie haben gegeben	sie werden geben

Pluperfect indicative	*Conditional*
ich hatte gegeben	ich würde geben
du hattest gegeben	du würdest geben
er hatte gegeben	er würde geben
wir hatten gegeben	wir würden geben
ihr hattet gegeben	ihr würdet geben
sie hatten gegeben	sie würden geben

Imperative gib! geben wir! gebt! geben Sie!

gedeihen *to thrive*

Present participle gedeihend
Past participle gediehen

Present indicative	*Present subjunctive*
ich gedeihe	ich gedeihe
du gedeihst	du gedeihest
er gedeiht	er gedeihe
wir gedeihen	wir gedeihen
ihr gedeiht	ihr gedeihet
sie gedeihen	sie gedeihen

Imperfect indicative	*Imperfect subjunctive*
ich gedieh	ich gediehe
du gediehst	du gediehest
er gedieh	er gediehe
wir gediehen	wir gediehen
ihr gedieht	ihr gediehet
sie gediehen	sie gediehen

Perfect indicative	*Future indicative*
ich bin gediehen	ich werde gedeihen
du bist gediehen	du wirst gedeihen
er ist gediehen	er wird gedeihen
wir sind gediehen	wir werden gedeihen
ihr seid gediehen	ihr werdet gedeihen
sie sind gediehen	sie werden gedeihen

Pluperfect indicative	*Conditional*
ich war gediehen	ich würde gedeihen
du warst gediehen	du würdest gedeihen
er war gediehen	er würde gedeihen
wir waren gediehen	wir würden gedeihen
ihr wart gediehen	ihr würdet gedeihen
sie waren gediehen	sie würden gedeihen

Imperative gedeih(e)! gedeihen wir! gedeiht! gedeihen Sie!

gehen *to go*
Present participle gehend
Past participle gegangen

Present indicative	*Present subjunctive*
ich gehe	ich gehe
du gehst	du gehest
er geht	er gehe
wir gehen	wir gehen
ihr geht	ihr gehet
sie gehen	sie gehen

Imperfect indicative	*Imperfect subjunctive*
ich ging	ich ginge
du gingst	du gingest
er ging	er ginge
wir gingen	wir gingen
ihr gingt	ihr ginget
sie gingen	sie gingen

Perfect indicative	*Future indicative*
ich bin gegangen	ich werde gehen
du bist gegangen	du wirst gehen
er ist gegangen	er wird gehen
wir sind gegangen	wir werden gehen
ihr seid gegangen	ihr werdet gehen
sie sind gegangen	sie werden gehen

Pluperfect indicative	*Conditional*
ich war gegangen	ich würde gehen
du warst gegangen	du würdest gehen
er war gegangen	er würde gehen
wir waren gegangen	wir würden gehen
ihr wart gegangen	ihr würdet gehen
sie waren gegangen	sie würden gehen

Imperative geh(e)! gehen wir! geht! gehen Sie!

gelten *to be valid*
Present participle geltend
Past participle gegolten

Present indicative	*Present subjunctive*
ich gelte	ich gelte
du giltst	du geltest
er gilt	er gelte
wir gelten	wir gelten
ihr geltet	ihr geltet
sie gelten	sie gelten
Imperfect indicative	*Imperfect subjunctive*
ich galt	ich gälte
du galt(e)st	du gältest
er galt	er gälte
wir galten	wir gälten
ihr galtet	ihr gältet
sie galten	sie gälten
Perfect indicative	*Future indicative*
ich habe gegolten	ich werde gelten
du hast gegolten	du wirst gelten
er hat gegolten	er wird gelten
wir haben gegolten	wir werden gelten
ihr habt gegolten	ihr werdet gelten
sie haben gegolten	sie werden gelten
Pluperfect indicative	*Conditional*
ich hatte gegolten	ich würde gelten
du hattest gegolten	du würdest gelten
er hatte gegolten	er würde gelten
wir hatten gegolten	wir würden gelten
ihr hattet gegolten	ihr würdet gelten
sie hatten gegolten	sie würden gelten

Imperative gilt! gelten wir! geltet! gelten Sie!

genesen *to recover*

Present participle genesend
Past participle genesen

Present indicative	*Present subjunctive*
ich genese	ich genese
du genest	du genesest
er genest	er genese
wir genesen	wir genesen
ihr genest	ihr geneset
sie genesen	sie genesen

Imperfect indicative	*Imperfect subjunctive*
ich genas	ich genäse
du genasest	du genäsest
er genas	er genäse
wir genasen	wir genäsen
ihr genast	ihr genäset
sie genasen	sie genäsen

Perfect indicative	*Future indicative*
ich bin genesen	ich werde genesen
du bist genesen	du wirst genesen
er ist genesen	er wird genesen
wir sind genesen	wir werden genesen
ihr seid genesen	ihr werdet genesen
sie sind genesen	sie werden genesen

Pluperfect indicative	*Conditional*
ich war genesen	ich würde genesen
du warst genesen	du würdest genesen
er war genesen	er würde genesen
wir waren genesen	wir würden genesen
ihr wart genesen	ihr würdet genesen
sie waren genesen	sie würden genesen

Imperative genese! genesen wir! genest! genesen Sie!

genießen *to enjoy*

Present participle genießend
Past participle genossen

Present indicative	*Present subjunctive*
ich genieße	ich genieße
du genießest	du genießest
er genießet	er genieße
wir genießen	wir genießen
ihr genießet	ihr genießet
sie genießen	sie genießen

Imperfect indicative	*Imperfect subjunctive*
ich genoß	ich genösse
du genossest	du genössest
er genoß	er genösse
wir genossen	wir genössen
ihr genoßt	ihr genösset
sie genossen	sie genössen

Perfect indicative	*Future indicative*
ich habe genossen	ich werde genießen
du hast genossen	du wirst genießen
er hat genossen	er wird genießen
wir haben genossen	wir werden genießen
ihr habt genossen	ihr werdet genießen
sie haben genossen	sie werden genießen

Pluperfect indicative	*Conditional*
ich hatte genossen	ich würde genießen
du hattest genossen	du würdest genießen
er hatte genossen	er würde genießen
wir hatten genossen	wir würden genießen
ihr hattet genossen	ihr würdet genießen
sie hatten genossen	sie würden genießen

Imperative geieß(e)! genießen wir! genießt! genießen Sie!

geraten *to get (into debt, etc); turn out*

Present participle geratend
Past participle geraten

Present indicative	*Present subjunctive*
ich gerate	ich gerate
du gerätst	du geratest
er gerät	er gerate
wir geraten	wir geraten
ihr geratet	ihr geratet
sie geraten	sie geraten

Imperfect indicative	*Imperfect subjunctive*
ich geriet	ich geriete
du geriet(e)st	du gerietest
er geriet	er geriete
wir gerieten	wir gerieten
ihr gerietet	ihr gerietet
sie gerieten	sie gerieten

Perfect indicative	*Future indicative*
ich bin geraten	ich werde geraten
du bist geraten	du wirst geraten
er ist geraten	er wird geraten
wir sind geraten	wir werden geraten
ihr seid geraten	ihr werdet geraten
sie sind geraten	sie werden geraten

Pluperfect indicative	*Conditional*
ich war geraten	ich würde geraten
du warst geraten	du würdest geraten
er war geraten	er würde geraten
wir waren geraten	wir würden geraten
ihr wart geraten	ihr würdet geraten
sie waren geraten	sie würden geraten

Imperative gerat(e)! geraten wir! geratet! geraten Sie!

gewinnen *to win*

Present participle gewinnend
Past participle gewonnen

Present indicative
ich gewinne
du gewinnst
er gewinnt
wir gewinnen
ihr gewinnt
sie gewinnen

Present subjunctive
ich gewinne
du gewinnest
er gewinne
wir gewinnen
ihr gewinnet
sie gewinnen

Imperfect indicative
ich gewann
du gewannst
er gewann
wir gewannen
ihr gewannt
sie gewannen

Imperfect subjunctive
ich gewönne
du gewönnest
er gewönne
wir gewönnen
ihr gewönnet
sie gewönnen

Perfect indicative
ich habe gewonnen
du hast gewonnen
er hat gewonnen
wir haben gewonnen
ihr habt gewonnen
sie haben gewonnen

Future indicative
ich werde gewinnen
du wirst gewinnen
er wird gewinnen
wir werden gewinnen
ihr werdet gewinnen
sie werden gewinnen

Pluperfect indicative
ich hatte gewonnen
du hattest gewonnen
er hatte gewonnen
wir hatten gewonnen
ihr hattet gewonnen
sie hatten gewonnen

Conditional
ich würde gewinnen
du würdest gewinnen
er würde gewinnen
wir würden gewinnen
ihr würdet gewinnen
sie würden gewinnen

Imperative gewinn(e)! gewinnen wir! gewinnt! gewinnen Sie!

gießen *to pour*
Present participle gießend
Past participle gegossen

Present indicative	*Present subjunctive*
ich gieße	ich gieße
du gießt	du gießest
er gießt	er gieße
wir gießen	wir gießen
ihr gießt	ihr gießet
sie gießen	sie gießen
Imperfect indicative	*Imperfect subjunctive*
ich goß	ich gösse
du gossest	du gössest
er goß	er gösse
wir gossen	wir gössen
ihr goßt	ihr gösset
sie gossen	sie gössen
Perfect indicative	*Future indicative*
ich habe gegossen	ich werde gießen
du hast gegossen	du wirst gießen
er hat gegossen	er wird gießen
wir haben gegossen	wir werden gießen
ihr habt gegossen	ihr werdet gießen
sie haben gegossen	sie werden gießen
Pluperfect indicative	*Conditional*
ich hatte gegossen	ich würde gießen
du hattest gegossen	du würdest gießen
er hatte gegossen	er würde gießen
wir hatten gegossen	wir würden gießen
ihr hattet gegossen	ihr würdet gießen
sie hatten gegossen	sie würden gießen

Imperative gieß(e)! gießen wir! gießt! gießen Sie!

gleichen *to resemble*

Present participle gleichend
Past participle geglichen

Present indicative	*Present subjunctive*
ich gleiche	ich gleiche
du gleichst	du gleichest
er gleicht	er gleiche
wir gleichen	wir gleichen
ihr gleicht	ihr gleichet
sie gleichen	sie gleichen

Imperfect indicative	*Imperfect subjunctive*
ich glich	ich gliche
du glichst	du glichest
er glich	er gliche
wir glichen	wir glichen
ihr glicht	ihr glichet
sie glichen	sie glichen

Perfect indicative	*Future indicative*
ich habe geglichen	ich werde gleichen
du hast geglichen	du wirst gleichen
er hat geglichen	er wird gleichen
wir haben geglichen	wir werden gleichen
ihr habt geglichen	ihr werdet gleichen
sie haben geglichen	sie werden gleichen

Pluperfect indicative	*Conditional*
ich hatte geglichen	ich würde gleichen
du hattest geglichen	du würdest gleichen
er hatte geglichen	er würde gleichen
wir hatten geglichen	wir würden gleichen
ihr hattet geglichen	ihr würdet gleichen
sie hatten geglichen	sie würden gleichen

Imperative gleich(e)! gleichen wir! gleicht! gleichen Sie!

gleiten *to glide, slide*

Present participle gleitend
Past participle geglitten

Present indicative	*Present subjunctive*
ich gleite	ich gleite
du gleitest	du gleitest
er gleitet	er gleite
wir gleiten	wir gleiten
ihr gleitet	ihr gleitet
sie gleiten	sie gleiten

Imperfect indicative	*Imperfect subjunctive*
ich glitt	ich glitte
du glitt(e)st	du glittest
er glitt	er glitte
wir glitten	wir glitten
ihr glittet	ihr glittet
sie glitten	sie glitten

Perfect indicative	*Future indicative*
ich bin geglitten	ich werde gleiten
du bist geglitten	du wirst gleiten
er ist geglitten	er wird gleiten
wir sind geglitten	wir werden gleiten
ihr seid geglitten	ihr werdet gleiten
sie sind geglitten	sie werden gleiten

Pluperfect indicative	*Conditional*
ich war geglitten	ich würde gleiten
du warst geglitten	du würdest gleiten
er war geglitten	er würde gleiten
wir waren geglitten	wir würden gleiten
ihr wart geglitten	ihr würdet gleiten
sie waren geglitten	sie würden gleiten

Imperative gleit(e)! gleiten wir! gleitet! gleiten Sie!

graben *to dig*

Present participle grabend
Past participle gegraben

Present indicative	*Present subjunctive*
ich grabe	ich grabe
du gräbst	du grabest
er gräbt	er grabe
wir graben	wir graben
ihr grabt	ihr grabet
sie graben	sie graben

Imperfect indicative	*Imperfect subjunctive*
ich grub	ich grübe
du grubst	du grübest
er grub	er grübe
wir gruben	wir grüben
ihr grubt	ihr grübet
sie gruben	sie grüben

Perfect indicative	*Future indicative*
ich habe gegraben	ich werde graben
du hast gegraben	du wirst graben
er hat gegraben	er wird graben
wir haben gegraben	wir werden graben
ihr habt gegraben	ihr werdet graben
sie haben gegraben	sie werden graben

Pluperfect indicative	*Conditional*
ich hatte gegraben	ich würde graben
du hattest gegraben	du würdest graben
er hatte gegraben	er würde graben
wir hatten gegraben	wir würden graben
ihr hattet gegraben	ihr würdet graben
sie hatten gegraben	sie würden graben

Imperative grab(e)! graben wir! grabt! graben Sie!

greifen *to grab, sieze*

Present participle greifend
Past participle gegriffen

Present indicative	*Present subjunctive*
ich greife	ich greife
du greifst	du greifest
er greift	er greife
wir greifen	wir greifen
ihr greift	ihr greifet
sie greifen	sie greifen

Imperfect indicative	*Imperfect subjunctive*
ich griff	ich griffe
du griffst	du griffest
er griff	er griffe
wir griffen	wir griffen
ihr grifft	ihr griffet
sie griffen	sie griffen

Perfect indicative	*Future indicative*
ich habe gegriffen	ich werde greifen
du hast gegriffen	du wirst greifen
er hat gegriffen	er wird greifen
wir haben gegriffen	wir werden greifen
ihr habt gegriffen	ihr werdet greifen
sie haben gegriffen	sie werden greifen

Pluperfect indicative	*Conditional*
ich hatte gegriffen	ich würde greifen
du hattest gegriffen	du würdest greifen
er hatte gegriffen	er würde greifen
wir hatten gegriffen	wir würden greifen
ihr hattet gegriffen	ihr würdet greifen
sie hatten gegriffen	sie würden greifen

Imperative greif(e)! greifen wir! greift! greifen Sie!

haben *to have*

Present participle habend
Past participle gehabt

Present indicative	*Present subjunctive*
ich habe	ich habe
du hast	du habest
er hat	er habe
wir haben	wir haben
ihr habt	ihr habet
sie haben	sie haben

Imperfect indicative	*Imperfect subjunctive*
ich hatte	ich hätte
du hattest	du hättest
er hatte	er hätte
wir hatten	wir hätten
ihr hattet	ihr hättet
sie hatten	sie hätten

Perfect indicative	*Future indicative*
ich habe gehabt	ich werde haben
du hast gehabt	du wirst haben
er hat gehabt	er wird haben
wir haben gehabt	wir werden haben
ihr habt gehabt	ihr werdet haben
sie haben gehabt	sie werden haben

Pluperfect indicative	*Conditional*
ich hatte gehabt	ich würde haben
du hattest gehabt	du würdest haben
er hatte gehabt	er würde haben
wir hatten gehabt	wir würden haben
ihr hattet gehabt	ihr würdet haben
sie hatten gehabt	sie würden haben

Imperative habe! haben wir! habt! haben Sie!

halten *to hold*

Present participle haltend
Past participle gehalten

Present indicative	*Present subjunctive*
ich halte	ich halte
du hältst	du haltest
er hält	er halte
wir halten	wir halten
ihr haltet	ihr haltet
sie halten	sie halten

Imperfect indicative	*Imperfect subjunctive*
ich hielt	ich hielte
du hielt(e)st	du hieltest
er hielt	er hielte
wir hielten	wir hielten
ihr hieltet	ihr hieltet
sie hielten	sie hielten

Perfect indicative	*Future indicative*
ich habe gehalten	ich werde halten
du hast gehalten	du wirst halten
er hat gehalten	er wird halten
wir haben gehalten	wir werden halten
ihr habt gehalten	ihr werdet halten
sie haben gehalten	sie werden halten

Pluperfect indicative	*Conditional*
ich hatte gehalten	ich würde halten
du hattest gehalten	du würdest halten
er hatte gehalten	er würde halten
wir hatten gehalten	wir würden halten
ihr hattet gehalten	ihr würdet halten
sie hatten gehalten	sie würden halten

Imperative halt(e)! halten wir! haltet! halten Sie!

hängen *to hang*

Present participle hängend
Past participle gehangen

Present indicative	*Present subjunctive*
ich hänge	ich hänge
du hängst	du hängest
er hängt	er hänge
wir hängen	wir hängen
ihr hängt	ihr hänget
sie hängen	sie hängen

Imperfect indicative	*Imperfect subjunctive*
ich hing	ich hinge
du hingst	du hingest
er hing	er hinge
wir hingen	wir hingen
ihr hingt	ihr hinget
sie hingen	sie hingen

Perfect indicative	*Future indicative*
ich habe gehangen	ich werde hängen
du hast gehangen	du wirst hängen
er hat gehangen	er wird hängen
wir haben gehangen	wir werden hängen
ihr habt gehangen	ihr werdet hängen
sie haben gehangen	sie werden hängen

Pluperfect indicative	*Conditional*
ich hatte gehangen	ich würde hängen
du hattest gehangen	du würdest hängen
er hatte gehangen	er würde hängen
wir hatten gehangen	wir würden hängen
ihr hattet gehangen	ihr würdet hängen
sie hatten gehangen	sie würden hängen

Imperative häng(e)! hängen wir! hängt! hängen Sie!

hauen *to hew, cut*

Present participle hauend
Past participle gehauen

Present indicative	*Present subjunctive*
ich haue	ich haue
du haust	du hauest
er haut	er haue
wir hauen	wir hauen
ihr haut	ihr hauet
sie hauen	sie hauen

Imperfect indicative	*Imperfect subjunctive*
ich hieb	ich hiebe
du hiebst	du hiebest
er hieb	er hiebe
wir hieben	wir hieben
ihr hiebt	ihr hiebet
sie hieben	sie hieben

Perfect indicative	*Future indicative*
ich habe gehauen	ich werde hauen
du hast gehauen	du wirst hauen
er hat gehauen	er wird hauen
wir haben gehauen	wir werden hauen
ihr habt gehauen	ihr werdet hauen
sie haben gehauen	sie werden hauen

Pluperfect indicative	*Conditional*
ich hatte gehauen	ich würde hauen
du hattest gehauen	du würdest hauen
er hatte gehauen	er würde hauen
wir hatten gehauen	wir würden hauen
ihr hattet gehauen	ihr würdet hauen
sie hatten gehauen	sie würden hauen

Imperative hau(e)! hauen wir! haut! hauen Sie!

heben *to lift*

Present participle hebend
Past participle gehoben

Present indicative	*Present subjunctive*
ich hebe	ich hebe
du hebst	du hebest
er hebt	er hebe
wir heben	wir heben
ihr hebt	ihr hebet
sie heben	sie heben

Imperfect indicative	*Imperfect subjunctive*
ich hob	ich höbe
du hobst	du höbest
er hob	er höbe
wir hoben	wir höben
ihr hobt	ihr höbet
sie hoben	sie höben

Perfect indicative	*Future indicative*
ich habe gehoben	ich werde heben
du hast gehoben	du wirst heben
er hat gehoben	er wird heben
wir haben gehoben	wir werden heben
ihr habt gehoben	ihr werdet heben
sie haben gehoben	sie werden heben

Pluperfect indicative	*Conditional*
ich hatte gehoben	ich würde heben
du hattest gehoben	du würdest heben
er hatte gehoben	er würde heben
wir hatten gehoben	wir würden heben
ihr hattet gehoben	ihr würdet heben
sie hatten gehoben	sie würden heben

Imperative heb(e)! heben wir! hebt! heben Sie!

heißen *to be called*

Present participle heißend
Past participle geheißen

Present indicative	*Present subjunctive*
ich heiße	ich heiße
du heißt	du heißest
er heißt	er heiße
wir heißen	wir heißen
ihr heißt	ihr heißet
sie heißen	sie heißen

Imperfect indicative	*Imperfect subjunctive*
ich hieß	ich hieße
du hießest	du hießest
er hieß	er hieße
wir hießen	wir hießen
ihr hießt	ihr hießet
sie hießen	sie hießen

Perfect indicative	*Future indicative*
ich habe geheißen	ich werde heißen
du hast geheißen	du wirst heißen
er hat geheißen	er wird heißen
wir haben geheißen	wir werden heißen
ihr habt geheißen	ihr werdet heißen
sie haben geheißen	sie werden heißen

Pluperfect indicative	*Conditional*
ich hatte geheißen	ich würde heißen
du hattest geheißen	du würdest heißen
er hatte geheißen	er würde heißen
wir hatten geheißen	wir würden heißen
ihr hattet geheißen	ihr würdet heißen
sie hatten geheißen	sie würden heißen

Imperative heiß(e)! heißen wir! heißt! heißen Sie!

helfen *to help*

Present participle helfend
Past participle geholfen

Present indicative	*Present subjunctive*
ich helfe	ich helfe
du hilfst	du helfest
er hilft	er helfe
wir helfen	wir helfen
ihr helft	ihr helfet
sie helfen	sie helfen

Imperfect indicative	*Imperfect subjunctive*
ich half	ich hülfe
du halfst	du hülfest
er half	er hülfe
wir halfen	wir hülfen
ihr halft	ihr hülfet
sie halfen	sie hülfen

Perfect indicative	*Future indicative*
ich habe geholfen	ich werde helfen
du hast geholfen	du wirst helfen
er hat geholfen	er wird helfen
wir haben geholfen	wir werden helfen
ihr habt geholfen	ihr werdet helfen
sie haben geholfen	sie werden helfen

Pluperfect indicative	*Conditional*
ich hatte geholfen	ich würde helfen
du hattest geholfen	du würdest helfen
er hatte geholfen	er würde helfen
wir hatten geholfen	wir würden helfen
ihr hattet geholfen	ihr würdet helfen
sie hatten geholfen	sie würden helfen

Imperative hilf! helfen wir! helft! helfen Sie!

holen *to fetch*
Present participle holend
Past participle geholt

Present indicative	*Present subjunctive*
ich hole	ich hole
du holst	du holest
er holt	er hole
wir holen	wir holen
ihr holt	ihr holet
sie holen	sie holen

Imperfect indicative	*Imperfect subjunctive*
ich holte	ich holte
du holtest	du holtest
er holte	er holte
wir holten	wir holten
ihr holtet	ihr holtet
sie holten	sie holten

Perfect indicative	*Future indicative*
ich habe geholt	ich werde holen
du hast geholt	du wirst holen
er hat geholt	er wird holen
wir haben geholt	wir werden holen
ihr habt geholt	ihr werdet holen
sie haben geholt	sie werden holen

Pluperfect indicative	*Conditional*
ich hatte geholt	ich würde holen
du hattest geholt	du würdest holen
er hatte geholt	er würde holen
wir hatten geholt	wir würden holen
ihr hattet geholt	ihr würdet holen
sie hatten geholt	sie würden holen

Imperative hol(e)! holen wir! holt! holen Sie!

kennen *to know* (*by acquaintance*)

Present participle kennend
Past participle gekannt

Present indicative	*Present subjunctive*
ich kenne	ich kenne
du kennst	du kennest
er kennt	er kenne
wir kennen	wir kennen
ihr kennt	ihr kennet
sie kennen	sie kennen
Imperfect indicative	*Imperfect subjunctive*
ich kannte	ich kennte
du kanntest	du kenntest
er kannte	er kennte
wir kannten	wir kennten
ihr kanntet	ihr kenntet
sie kannten	sie kennten
Perfect indicative	*Future indicative*
ich habe gekannt	ich werde kennen
du hast gekannt	du wirst kennen
er hat gekannt	er wird kennen
wir haben gekannt	wir werden kennen
ihr habt gekannt	ihr werdet kennen
sie haben gekannt	sie werden kennen
Pluperfect indicative	*Conditional*
ich hatte gekannt	ich würde kennen
du hattest gekannt	du würdest kennen
er hatte gekannt	er würde kennen
wir hatten gekannt	wir würden kennen
ihr hattet gekannt	ihr würdet kennen
sie hatten gekannt	sie würden kennen

Imperative kenn(e)! kennen wir! kennt! kennen Sie!

klimmen *to climb*

Present participle klimmend
Past participle geklommen

Present indicative	*Present subjunctive*
ich klimme	ich klimme
du klimmst	du klimmest
er klimmt	er klimme
wir klimmen	wir klimmen
ihr klimmt	ihr klimmet
sie klimmen	sie klimmen

Imperfect indicative	*Imperfect subjunctive*
ich klomm	ich klömme
du klommst	du klömmest
er klomm	er klömme
wir klommen	wir klömmen
ihr klommt	ihr klömmet
sie klommen	sie klömmen

Perfect indicative	*Future indicative*
ich bin geklommen	ich werde klimmen
du bist geklommen	du wirst klimmen
er ist geklommen	er wird klimmen
wir sind geklommen	wir werden klimmen
ihr seid geklommen	ihr werdet klimmen
sie sind geklommen	sie werden klimmen

Pluperfect indicative	*Conditional*
ich war geklommen	ich würde klimmen
du warst geklommen	du würdest klimmen
er war geklommen	er würde klimmen
wir waren geklommen	wir würden klimmen
ihr wart geklommen	ihr würdet klimmen
sie waren geklommen	sie würden klimmen

Imperative klimm(e)! klimmen wir! klimmt! klimmen Sie!

klingen *to sound*

Present participle klingend
Past participle beklungen

Present indicative	*Present subjunctive*
ich klinge	ich klinge
du klingst	du klingest
er klingt	er klinge
wir klingen	wir klingen
ihr klingt	ihr klinget
sie klingen	sie kling en
Imperfect indicative	*Imperfect subjunctive*
ich klang	ich klänge
du klangst	du klängest
er klang	er klänge
wir klangen	wir klängen
ihr klangt	ihr klänget
sie klangen	sie klängen
Perfect indicative	*Future indicative*
ich habe geklungen	ich werde klingen
du hast geklungen	du wirst klingen
er hat geklungen	er wird klingen
wir haben geklungen	wir werden klingen
ihr habt geklungen	ihr werdet klingen
sie haben geklungen	sie werden klingen
Pluperfect indicative	*Conditional*
ich hatte geklungen	ich würde klingen
du hattest geklungen	du würdest klingen
er hatte geklungen	er würde klingen
wir hatten geklungen	wir würden klingen
ihr hattet geklungen	ihr würdet klingen
sie hatten geklungen	sie würden klingen

Imperative kling(e)! klingen wir! klingt! klingen Sie!

kneifen *to pinch*

Present participle kneifend
Past participle gekniffen

Present indicative
ich kneife
du kneifst
er kneift
wir kneifen
ihr kneift
sie kneifen

Present subjunctive
ich kneife
du kneifest
er kneife
wir kneifen
ihr kneifet
sie kneifen

Imperfect indicative
ich kniff
du kniffst
er kniff
wir kniffen
ihr knifft
sie kniffen

Imperfect subjunctive
ich kniffe
du kniffest
er kniffe
wir kniffen
ihr kniffet
sie kniffen

Perfect indicative
ich habe gekniffen
du hast gekniffen
er hat gekniffen
wir haben gekniffen
ihr habt gekniffen
sie haben gekniffen

Future indicative
ich werde kneifen
du wirst kneifen
er wird kneifen
wir werden kneifen
ihr werdet kneifen
sie werden kneifen

Pluperfect indicative
ich hatte gekniffen
du hattest gekniffen
er hatte gekniffen
wir hatten gekniffen
ihr hattet gekniffen
sie hatten gekniffen

Conditional
ich würde kneifen
du würdest kneifen
er würde kneifen
wir würden kneifen
ihr würdet kneifen
sie würden kneifen

Imperative kneif(e)! kneifen wir! kneift! kneifen Sie!

kommen *to come*

Present participle kommend
Past participle gekommen

Present indicative	*Present subjunctive*
ich komme	ich komme
du kommst	du kommest
er kommt	er komme
wir kommen	wir kommen
ihr kommt	ihr kommet
sie kommen	sie kommen

Imperfect indicative	*Imperfect subjunctive*
ich kam	ich käme
du kamst	du kämest
er kam	er käme
wir kamen	wir kämen
ihr kamt	ihr kämet
sie kamen	sie kämen

Perfect indicative	*Future indicative*
ich bin gekommen	ich werde kommen
du bist gekommen	du wirst kommen
er ist gekommen	er wird kommen
wir sind gekommen	wir werden kommen
ihr seid gekommen	ihr werdet kommen
sie sind gekommen	sie werden kommen

Pluperfect indicative	*Conditional*
ich war gekommen	ich würde kommen
du warst gekommen	du würdest kommen
er war gekommen	er würde kommen
wir waren gekommen	wir würden kommen
ihr wart gekommen	ihr würdet kommen
sie waren gekommen	sie würden kommen

Imperative komm(e)! kommen wir! kommt! kommen Sie!

können *to be able to, can, may*

Present participle könnend
Past participle gekonnt/können*

Present indicative	*Present subjunctive*
ich kann	ich könne
du kannst	du könnest
er kann	er könne
wir können	wir können
ihr könnt	ihr könnet
sie können	sie können

Imperfect indicative	*Imperfect subjunctive*
ich konnte	ich könnte
du konntest	du könntest
er konnte	er könnte
wir konnten	wir könnten
ihr konntet	ihr könntet
sie konnten	sie könnten

Perfect indicative	*Future indicative*
ich habe gekonnt	ich werde können
du hast gekonnt	du wirst können
er hat gekonnt	er wird können
wir haben gekonnt	wir werden können
ihr habt gekonnt	ihr werdet können
sie haben gekonnt	sie werden können

Pluperfect indicative	*Conditional*
ich hatte gekonnt	ich würde können
du hattest gekonnt	du würdest können
er hatte gekonnt	er würde können
wir hatten gekonnt	wir würden können
ihr hattet gekonnt	ihr würdet können
sie hatten gekonnt	sie würden können

*können is used when preceded by an infinitive

kriechen *to creep, crawl*

Present participle kriechend
Past participle gekrochen

Present indicative	*Present subjunctive*
ich krieche	ich krieche
du kriechst	du kriechest
er kriecht	er krieche
wir kriechen	wir kriechen
ihr kriecht	ihr kriechet
sie kriechen	sie kriechen
Imperfect indicative	*Imperfect subjunctive*
ich kroch	ich kröche
du krochst	du kröchest
er kroch	er kröche
wir krochen	wir kröchen
ihr krocht	ihr kröchet
sie krochen	sie kröchen
Perfect indicative	*Future indicative*
ich bin gekrochen	ich werde kriechen
du bist gekrochen	du wirst kriechen
er ist gekrochen	er wird kriechen
wir sind gekrochen	wir werden kriechen
ihr seid gekrochen	ihr werdet kriechen
sie sind gekrochen	sie werden kriechen
Pluperfect indicative	*Conditional*
ich war gekrochen	ich würde kriechen
du warst gekrochen	du würdest kriechen
er war gekrochen	er würde kriechen
wir waren gekrochen	wir würden kriechen
ihr wart gekrochen	ihr würdet kriechen
sie waren gekrochen	sie würden kriechen

Imperative kriech! kriechen wir! kriecht! kriechen Sie!

lächeln *to smile*

Present participle lächelnd
Past participle gelächelt

Present indicative	*Present subjunctive*
ich lächle	ich lächle
du lächelst	du lächlest
er lächelt	er lächle
wir lächeln	wir lächeln
ihr lächelt	ihr lächlet
sie lächeln	sie lächlen
Imperfect indicative	*Imperfect subjunctive*
ich lächelte	ich lächelte
du lächeltest	du lächeltest
er lächelte	er lächelte
wir lächelten	wir lächelten
ihr lächeltet	ihr lächeltet
sie lächelten	sie lächelten
Perfect indicative	*Future indicative*
ich habe gelächelt	ich werde lächeln
du hast gelächelt	du wirst lächeln
er hat gelächelt	er wird lächeln
wir haben gelächelt	wir werden lächeln
ihr habt gelächelt	ihr werdet lächeln
sie haben gelächelt	sie werden lächeln
Pluperfect indicative	*Conditional*
ich hatte gelächelt	ich würde lächeln
du hattest gelächelt	du würdest lächeln
er hatte gelächelt	er würde lächeln
wir hatten gelächelt	wir würden lächeln
ihr hattet gelächelt	ihr würdet lächeln
sie hatten gelächelt	sie würden lächeln

Imperative lächle! lächeln wir! lächelt! lächeln Sie!

laden *to load*

Present participle ladend
Past participle geladen

Present indicative	*Present subjunctive*
ich lade	ich lade
du lädst	du ladest
er lädt	er lade
wir laden	wir laden
ihr ladet	ihr ladet
sie laden	sie laden
Imperfect indicative	*Imperfect subjunctive*
ich lud	ich lüde
du lud(e)st	du lüdest
er lud	er lüde
wir luden	wir lüden
ihr ludet	ihr lüdet
sie luden	sie lüden
Perfect indicative	*Future indicative*
ich habe geladen	ich werde laden
du hast geladen	du wirst laden
er hat geladen	er wird laden
wir haben geladen	wir werden laden
ihr habt geladen	ihr werdet laden
sie haben geladen	sie werden laden
Pluperfect indicative	*Conditional*
ich hatte geladen	ich würde laden
du hattest geladen	du würdest laden
er hatte geladen	er würde laden
wir hatten geladen	wir würden laden
ihr hattet geladen	ihr würdet laden
sie hatten geladen	sie würden laden

Imperative lad(e)! laden wir! ladet! laden Sie!

lassen *to let; to leave*

Present participle lassend
Past participle gelassen

Present indicative
ich lasse
du läßt
er läßt
wir lassen
ihr laßt
sie lassen

Present subjunctive
ich lasse
du lassest
er lasse
wir lassen
ihr lasset
sie lassen

Imperfect indicative
ich ließ
du ließest
er ließ
wir ließen
ihr ließt
sie ließen

Imperfect subjunctive
ich ließe
du ließest
er ließe
wir ließen
ihr ließet
sie ließen

Perfect indicative
ich habe gelassen
du hast gelassen
er hat gelassen
wir haben gelassen
ihr habt gelassen
sie haben gelassen

Future indicative
ich werde lassen
du wirst lassen
er wird lassen
wir werden lassen
ihr werdet lassen
sie werden lassen

Pluperfect indicative
ich hatte gelassen
du hattest gelassen
er hatte gelassen
wir hatten gelassen
ihr hattet gelassen
sie hatten gelassen

Conditional
ich würde lassen
du würdest lassen
er würde lassen
wir würden lassen
ihr würdet lassen
sie würden lassen

Imperative laß! lassen wir! laßt! lassen Sie!

laufen *to run*

Present participle laufend
Past participle gelaufen

Present indicative	*Present subjunctive*
ich laufe	ich laufe
du läufst	du laufest
er läuft	er laufe
wir laufen	wir laufen
ihr lauft	ihr laufet
sie laufen	sie laufen
Imperfect indicative	*Imperfect subjunctive*
ich lief	ich liefe
du liefst	du liefest
er lief	er liefe
wir liefen	wir liefen
ihr lieft	ihr liefet
sie liefen	sie liefen
Perfect indicative	*Future indicative*
ich bin gelaufen	ich werde laufen
du bist gelaufen	du wirst laufen
er ist gelaufen	er wird laufen
wir sind gelaufen	wir werden laufen
ihr seid gelaufen	ihr werdet laufen
sie sind gelaufen	sie werden laufen
Pluperfect indicative	*Conditional*
ich war gelaufen	ich würde laufen
du warst gelaufen	du würdest laufen
er war gelaufen	er würde laufen
wir waren gelaufen	wir würden laufen
ihr wart gelaufen	ihr würdet laufen
sie waren gelaufen	sie würden laufen

Imperative lauf(e)! laufen wir! lauft! laufen Sie!

leiden *to suffer*

Present participle leidend
Past participle gelitten

Present indicative	*Present subjunctive*
ich leide	ich leide
du leidest	du leidest
er leidet	er leide
wir leiden	wir leiden
ihr leidet	ihr leidet
sie leiden	sie leiden
Imperfect indicative	*Imperfect subjunctive*
ich litt	ich litte
du litt(e)st	du littest
er litt	er litte
wir litten	wir litten
ihr littet	ihr littet
sie litten	sie litten
Perfect indicative	*Future indicative*
ich habe gelitten	ich werde leiden
du hast gelitten	du wirst leiden
er hat gelitten	er wird leiden
wir haben gelitten	wir werden leiden
ihr habt gelitten	ihr werdet leiden
sie haben gelitten	sie werden leiden
Pluperfect indicative	*Conditional*
ich hatte gelitten	ich würde leiden
du hattest gelitten	du würdest leiden
er hatte gelitten	er würde leiden
wir hatten gelitten	wir würden leiden
ihr hattet gelitten	ihr würdet leiden
sie hatten gelitten	sie würden leiden

Imperative leid(e)! leiden wir! leidet! leiden Sie!

leihen *to lend*

Present participle leihend
Past participle geliehen

Present indicative	*Present subjunctive*
ich leihe	ich leihe
du leihst	du leihest
er leiht	er leihe
wir leihen	wir leihen
ihr leiht	ihr leihet
sie leihen	sie leihen
Imperfect indicative	*Imperfect subjunctive*
ich lieh	ich liehe
du liehst	du liehest
er lieh	er liehe
wir liehen	wir liehen
ihr lieht	ihr liehet
sie liehen	sie liehen
Perfect indicative	*Future indicative*
ich habe geliehen	ich werde leihen
du hast geliehen	du wirst leihen
er hat geliehen	er wird leihen
wir haben geliehen	wir werden leihen
ihr habt geliehen	ihr werdet leihen
sie haben geliehen	sie werden leihen
Pluperfect indicative	*Conditional*
ich hatte geliehen	ich würde leihen
du hattest geliehen	du würdest leihen
er hatte geliehen	er würde leihen
wir hatten geliehen	wir würden leihen
ihr hattet geliehen	ihr würdet leihen
sie hatten geliehen	sie würden leihen

Imperative leih(e)! leihen wir! leiht! leihen Sie!

lesen *to read*

Present participle lesend
Past participle gelesen

Present indicative	*Present subjunctive*
ich lese	ich lese
du liest	du lesest
er liest	er lese
wir lesen	wir lesen
ihr lest	ihr leset
sie lesen	sie lesen

Imperfect indicative	*Imperfect subjunctive*
ich las	ich läse
du lasest	du läsest
er las	er läse
wir lasen	wir läsen
ihr last	ihr läset
sie lasen	sie läsen

Perfect indicative	*Future indicative*
ich habe gelesen	ich werde lesen
du hast gelesen	du wirst lesen
er hat gelesen	er wird lesen
wir haben gelesen	wir werden lesen
ihr habt gelesen	ihr werdet lesen
sie haben gelesen	sie werden lesen

Pluperfect indicative	*Conditional*
ich hatte gelesen	ich würde lesen
du hattest gelesen	du würdest lesen
er hatte gelesen	er würde lesen
wir hatten gelesen	wir würden lesen
ihr hattet gelesen	ihr würdet lesen
sie hatten gelesen	sie würden lesen

Imperative lies(e)! lesen wir! lest! lesen Sie!

lieben *to love*

Present participle liebend
Past participle geliebt

Present indicative	*Present subjunctive*
ich liebe	ich liebe
du liebst	du liebest
er liebt	er liebe
wir lieben	wir lieben
ihr liebt	ihr liebet
sie lieben	sie lieben

Imperfect indicative	*Imperfect subjunctive*
ich liebte	ich liebte
du liebtest	du liebtest
er liebte	er liebte
wir liebten	wir liebten
ihr liebtet	ihr liebtet
sie liebten	sie liebten

Perfect indicative	*Future indicative*
ich habe geliebt	ich werde lieben
du hast geliebt	du wirst lieben
er hat geliebt	er wird lieben
wir haben geliebt	wir werden lieben
ihr habt geliebt	ihr werdet lieben
sie haben geliebt	sie werden lieben

Pluperfect indicative	*Conditional*
ich hatte geliebt	ich würde lieben
du hattest geliebt	du würdest lieben
er hatte geliebt	er würde lieben
wir hatten geliebt	wir würden lieben
ihr hattet geliebt	ihr würdet lieben
sie hatten geliebt	sie würden lieben

Imperative lieb(e)! lieben wir! liebt! lieben Sie!

liegen *to lie; to be situated*

Present participle liegend
Past participle gelegen

Present indicative
ich liege
du liegst
er liegt
wir liegen
ihr liegt
sie liegen

Present subjunctive
ich liege
du liegest
er liege
wir liegen
ihr lieget
sie liegen

Imperfect indicative
ich lag
du lagst
er lag
wir lagen
ihr lagt
sie lagen

Imperfect subjunctive
ich läge
du lägest
er läge
wir lägen
ihr läget
sie lägen

Perfect indicative
ich habe gelegen
du hast gelegen
er hat gelegen
wir haben gelegen
ihr habt gelegen
sie haben gelegen

Future indicative
ich werde liegen
du wirst liegen
er wird liegen
wir werden liegen
ihr werdet liegen
sie werden liegen

Pluperfect indicative
ich hatte gelegen
du hattest gelegen
er hatte gelegen
wir hatten gelegen
ihr hattet gelegen
sie hatten gelegen

Conditional
ich würde liegen
du würdest liegen
er würde liegen
wir würden liegen
ihr würdet liegen
sie würden liegen

Imperative lieg(e)! liegen wir! liegt! liegen Sie!

lügen *to (tell a) lie*

Present participle lügend
Past participle gelogen

Present indicative	*Present subjunctive*
ich lüge	ich lüge
du lügst	du lügest
er lügt	er lüge
wir lügen	wir lügen
ihr lügt	ihr lüget
sie lügen	sie lügen

Imperfect indicative	*Imperfect subjunctive*
ich log	ich löge
du logst	du lögest
er log	er löge
wir logen	wir lögen
ihr logt	ihr löget
sie logen	sie lögen

Perfect indicative	*Future indicative*
ich habe gelogen	ich werde lügen
du hast gelogen	du wirst lügen
er hat gelogen	er wird lügen
wir haben gelogen	wir werden lügen
ihr habt gelogen	ihr werdet lügen
sie haben gelogen	sie werden lügen

Pluperfect indicative	*Conditional*
ich hatte gelogen	ich würde lügen
du hattest gelogen	du würdest lügen
er hatte gelogen	er würde lügen
wir hatten gelogen	wir würden lügen
ihr hattet gelogen	ihr würdet lügen
sie hatten gelogen	sie würden lügen

Imperative lüg(e)! lügen wir! lügt! lügen Sie!

machen *to make*; *to do*

Present participle machend
Past participle gemacht

Present indicative	*Present subjunctive*
ich mache	ich mache
du machst	du machest
er macht	er mache
wir machen	wir machen
ihr macht	ihr machet
sie machen	sie machen

Imperfect indicative	*Imperfect subjunctive*
ich machte	ich machte
du machtest	du machtest
er machte	er machte
wir machten	wir machten
ihr machtet	ihr machtet
sie machten	sie machten

Perfect indicative	*Future indicative*
ich habe gemacht	ich werde machen
du hast gemacht	du wirst machen
er hat gemacht	er wird machen
wir haben gemacht	wir werden machen
ihr habt gemacht	ihr werdet machen
sie haben gemacht	sie werden machen

Pluperfect indicative	*Conditional*
ich hatte gemacht	ich würde machen
du hattest gemacht	du würdest machen
er hatte gemacht	er würde machen
wir hatten gemacht	wir würden machen
ihr hattet gemacht	ihr würdet machen
sie hatten gemacht	sie würden machen

Imperative mach(e)! machen wir! macht! machen Sie!

mahlen *to grind*

Present participle mahlend
Past participle gemahlen

Present indicative	*Present subjunctive*
ich mahle	ich mahle
du mahlst	du mahlest
er mahlt	er mahle
wir mahlen	wir mahlen
ihr mahlt	ihr mahlet
sie mahlen	sie mahlen

Imperfect indicative	*Imperfect subjunctive*
ich mahlte	ich mahlte
du mahltest	du mahltest
er mahlte	er mahlte
wir mahlten	wir mahlten
ihr mahltet	ihr mahltet
sie mahlten	sie mahlten

Perfect indicative	*Future indicative*
ich habe gemahlen	ich werde mahlen
du hast gemahlen	du wirst mahlen
er hat gemahlen	er wird mahlen
wir haben gemahlen	wir werden mahlen
ihr habt gemahlen	ihr werdet mahlen
sie haben gemahlen	sie werden mahlen

Pluperfect indicative	*Conditional*
ich hatte gemahlen	ich würde mahlen
du hattest gemahlen	du würdest mahlen
er hatte gemahlen	er würde mahlen
wir hatten gemahlen	wir würden mahlen
ihr hattet gemahlen	ihr würdet mahlen
sie hatten gemahlen	sie würden mahlen

Imperative mahl(e)! mahlen wir! mahlt! mahlen Sie!

meiden *to avoid*

Present participle meidend
Past participle gemieden

Present indicative	*Present subjunctive*
ich meide	ich meide
du meidest	du meidest
er meidet	er meide
wir meiden	wir meiden
ihr meidet	ihr meidet
sie meiden	sie meiden

Imperfect indicative	*Imperfect subjunctive*
ich mied	ich miede
du mied(e)st	du miedest
er mied	er miede
wir mieden	wir mieden
ihr miedet	ihr miedet
sie mieden	sie mieden

Perfect indicative	*Future indicative*
ich habe gemieden	ich werde meiden
du hast gemieden	du wirst meiden
er hat gemieden	er wird meiden
wir haben gemieden	wir werden meiden
ihr habt gemieden	ihr werdet meiden
sie haben gemieden	sie werden meiden

Pluperfect indicative	*Conditional*
ich hatte gemieden	ich würde meiden
du hattest gemieden	du würdest meiden
er hatte gemieden	er würde meiden
wir hatten gemieden	wir würden meiden
ihr hattet gemieden	ihr würdet meiden
sie hatten gemieden	sie würden meiden

Imperative meid(e)! meiden wir! meidet! meiden Sie!

messen *to measure*

Present participle messend
Past participle gemessen

Present indicative	*Present subjunctive*
ich messe	ich messe
du mißt	du messest
er mißt	er messe
wir messen	wir messen
ihr meßt	ihr messet
sie messen	sie messen

Imperfect indicative	*Imperfect subjunctive*
ich maß	ich mäße
du maßest	du mäßest
er maß	er mäße
wir maßen	wir mäßen
ihr maßt	ihr mäßet
sie maßen	sie mäßen

Perfect indicative	*Future indicative*
ich habe gemessen	ich werde messen
du hast gemessen	du wirst messen
er hat gemessen	er wird messen
wir haben gemessen	wir werden messen
ihr habt gemessen	ihr werdet messen
sie haben gemessen	sie werden messen

Pluperfect indicative	*Conditional*
ich hatte gemessen	ich würde messen
du hattest gemessen	du würdest messen
er hatte gemessen	er würde messen
wir hatten gemessen	wir würden messen
ihr hattet gemessen	ihr würdet messen
sie hatten gemessen	sie würden messen

Imperative miß! messen wir! meßt! messen Sie!

mögen *to like*

Present participle mögend
Past participle gemocht/mögen*

Present indicative	*Present subjunctive*
ich mag	ich möge
du magst	du mögest
er mag	er möge
wir mögen	wir mögen
ihr mögt	ihr möget
sie mögen	sie mögen

Imperfect indicative	*Imperfect subjunctive*
ich mochte	ich möchte
du mochtest	du möchtest
er mochte	er möchte
wir mochten	wir möchten
ihr mochtet	ihr möchtet
sie mochten	sie möchten

Perfect indicative	*Future indicative*
ich habe gemocht	ich werde mögen
du hast gemocht	du wirst mögen
er hat gemocht	er wird mögen
wir haben gemocht	wir werden mögen
ihr habt gemocht	ihr werdet mögen
sie haben gemocht	sie werden mögen

Pluperfect indicative	*Conditional*
ich hatte gemocht	ich würde mögen
du hattest gemocht	du würdest mögen
er hatte gemocht	er würde mögen
wir hatten gemocht	wir würden mögen
ihr hattet gemocht	ihr würdet mögen
sie hatten gemocht	sie würden mögen

*mögen *is used when preceded by an infinitive*

müssen *to have to, must*

Present participle müssend
Past participle gemußt/müssen*

Present indicative	*Present subjunctive*
ich muß	ich müsse
du mußt	du müssest
er muß	er müsse
wir müssen	wir müssen
ihr müßt	ihr müsset
sie müssen	sie müssen

Imperfect indicative	*Imperfect subjunctive*
ich mußte	ich müßte
du mußtest	du müßtest
er mußte	er müßte
wir mußten	wir müßten
ihr mußtet	ihr müßtet
sie mußten	sie müßten

Perfect indicative	*Future indicative*
ich habe gemußt	ich werde müssen
du hast gemußt	du wirst müssen
er hat gemußt	er wird müssen
wir haben gemußt	wir werden müssen
ihr habt gemußt	ihr werdet müssen
sie haben gemußt	sie werden müssen

Pluperfect indicative	*Conditional*
ich hatte gemußt	ich würde müssen
du hattest gemußt	du würdest müssen
er hatte gemußt	er würde müssen
wir hatten gemußt	wir würden müssen
ihr hattet gemußt	ihr würdet müssen
sie hatten gemußt	sie würden müssen

* müssen *is used when preceded by an infinitive*

nehmen *to take*

Present participle nehmend
Past participle genommen

Present indicative	*Present subjunctive*
ich nehme	ich nehme
du nimmst	du nehmest
er nimmt	er nehme
wir nehmen	wir nehmen
ihr nehmt	ihr nehmet
sie nehmen	sie nehmen

Imperfect indicative	*Imperfect subjunctive*
ich nahm	ich nähme
du nahmst	du nähmest
er nahm	er nähme
wir nahmen	wir nähmen
ihr nahmt	ihr nähmet
sie nahmen	sie nähmen

Perfect indicative	*Future indicative*
ich habe genommen	ich werde nehmen
du hast genommen	du wirst nehmen
er hat genommen	er wird nehmen
wir haben genommen	wir werden nehmen
ihr habt genommen	ihr werdet nehmen
sie haben genommen	sie werden nehmen

Pluperfect indicative	*Conditional*
ich hatte genommen	ich würde nehmen
du hattest genommen	du würdest nehmen
er hatte genommen	er würde nehmen
wir hatten genommen	wir würden nehmen
ihr hattet genommen	ihr würdet nehmen
sie hatten genommen	sie würden nehmen

Imperative nimm(e)! nehmen wir! nehmt! nehmen Sie!

nennen *to name, call*

Present participle nennend
Past participle genannt

Present indicative	*Present subjunctive*
ich nenne	ich nenne
du nennst	du nennest
er nennt	er nenne
wir nennen	wir nennen
ihr nennt	ihr nennet
sie nennen	sie nennen

Imperfect indicative	*Imperfect subjunctive*
ich nannte	ich nennte
du nanntest	du nenntest
er nannte	er nennte
wir nannten	wir nennten
ihr nanntet	ihr nenntet
sie nannten	sie nennten

Perfect indicative	*Future indicative*
ich habe genannt	ich werde nennen
du hast genannt	du wirst nennen
er hat genannt	er wird nennen
wir haben genannt	wir werden nennen
ihr habt genannt	ihr werdet nennen
sie haben genannt	sie werden nennen

Pluperfect indicative	*Conditional*
ich hatte genannt	ich würde nennen
du hattest genannt	du würdest nennen
er hatte genannt	er würde nennen
wir hatten genannt	wir würden nennen
ihr hattet genannt	ihr würdet nennen
sie hatten genannt	sie würden nennen

Imperative nenn(e)! nennen wir! nennt! nennen Sie!

pfeifen *to whistle*

Present participle pfeifend
Past participle gepfiffen

Present indicative	*Present subjunctive*
ich pfeife	ich pfeife
du pfeifst	du pfeifest
er pfeift	er pfeife
wir pfeifen	wir pfeifen
ihr pfeift	ihr pfeifet
sie pfeifen	sie pfeifen

Imperfect indicative	*Imperfect subjunctive*
ich pfiff	ich pfiffe
du pfiffst	du pfiffest
er pfiff	er pfiffe
wir pfiffen	wir pfiffen
ihr pfifft	ihr pfiffet
sie pfiffen	sie pfiffen

Perfect indicative	*Future indicative*
ich habe gepfiffen	ich werde pfeifen
du hast gepfiffen	du wirst pfeifen
er hat gepfiffen	er wird pfeifen
wir haben gepfiffen	wir werden pfeifen
ihr habt gepfiffen	ihr werdet pfeifen
sie haben gepfiffen	sie werden pfeifen

Pluperfect indicative	*Conditional*
ich hatte gepfiffen	ich würde pfeifen
du hattest gepfiffen	du würdest pfeifen
er hatte gepfiffen	er würde pfeifen
wir hatten gepfiffen	wir würden pfeifen
ihr hattet gepfiffen	ihr würdet pfeifen
sie hatten gepfiffen	sie würden pfeifen

Imperative pfeif(e)! pfeifen wir! pfeift! pfeifen Sie!

preisen *to praise*

Present participle preisend
Past participle gepriesen

Present indicative	*Present subjunctive*
ich preise	ich preise
du preist	du preisest
er preist	er preise
wir preisen	wir preisen
ihr preist	ihr preiset
sie preisen	sie preisen

Imperfect indicative	*Imperfect subjunctive*
ich pries	ich priese
du priesest	du priesest
er pries	er priese
wir priesen	wir priesen
ihr priest	ihr prieset
sie priesen	sie priesen

Perfect indicative	*Future indicative*
ich habe gepriesen	ich werde preisen
du hast gepriesen	du wirst preisen
er hat gepriesen	er wird preisen
wir haben gepriesen	wir werden preisen
ihr habt gepriesen	ihr werdet preisen
sie haben gepriesen	sie werden preisen

Pluperfect indicative	*Conditional*
ich hatte gepriesen	ich würde preisen
du hattest gepriesen	du würdest preisen
er hatte gepriesen	er würde preisen
wir hatten gepriesen	wir würden preisen
ihr hattet gepriesen	ihr würdet preisen
sie hatten gepriesen	sie würden preisen

Imperative preis(e)! preisen wir! preist! preisen Sie!

quellen *to gush, well up*
Present participle quellend
Past participle gequollen

Present indicative	*Present subjunctive*
ich quelle	ich quelle
du quillst	du quellest
er quillt	er quelle
wir quellen	wir quellen
ihr quellt	ihr quellet
sie quellen	sie quellen

Imperfect indicative	*Imperfect subjunctive*
ich quoll	ich quölle
du quollst	du quöllest
er quoll	er quölle
wir quollen	wir quöllen
ihr quollt	ihr quöllet
sie quollen	sie quöllen

Perfect indicative	*Future indicative*
ich bin gequollen	ich werde quellen
du bist gequollen	du wirst quellen
er ist gequollen	er wird quellen
wir sind gequollen	wir werden quellen
ihr seid gequollen	ihr werdet quellen
sie sind gequollen	sie werden quellen

Pluperfect indicative	*Conditional*
ich war gequollen	ich würde quellen
du warst gequollen	du würdest quellen
er war gequollen	er würde quellen
wir waren gequollen	wir würden quellen
ihr wart gequollen	ihr würdet quellen
sie waren gequollen	sie würden quellen

Imperative quill! quellen wir! quellt! quellen Sie!

raten *to guess; to advise*

Present participle ratend
Past participle geraten

Present indicative	*Present subjunctive*
ich rate	ich rate
du rätst	du ratest
er rät	er rate
wir raten	wir raten
ihr ratet	ihr ratet
sie raten	sie raten

Imperfect indicative	*Imperfect subjunctive*
ich riet	ich riete
du riet(e)st	du rietest
er riet	er riete
wir rieten	wir rieten
ihr rietet	ihr rietet
sie rieten	sie rieten

Perfect indicative	*Future indicative*
ich habe geraten	ich werde raten
du hast geraten	du wirst raten
er hat geraten	er wird raten
wir haben geraten	wir werden raten
ihr habt geraten	ihr werdet raten
sie haben geraten	sie werden raten

Pluperfect indicative	*Conditional*
ich hatte geraten	ich würde raten
du hattest geraten	du würdest raten
er hatte geraten	er würde raten
wir hatten geraten	wir würden raten
ihr hattet geraten	ihr würdet raten
sie hatten geraten	sie würden raten

Imperative rat(e)! raten wir! ratet! raten Sie!

reden *to talk*

Present participle redend
Past participle geredet

Present indicative	*Present subjunctive*
ich rede	ich rede
du redest	du redest
er redet	er rede
wir reden	wir reden
ihr redet	ihr redet
sie reden	sie reden

Imperfect indicative	*Imperfect subjunctive*
ich redete	ich redete
du redetest	du redetest
er redete	er redete
wir redeten	wir redeten
ihr redetet	ihr redetet
sie redeten	sie redeten

Perfect indicative	*Future indicative*
ich habe geredet	ich werde reden
du hast geredet	du wirst reden
er hat geredet	er wird reden
wir haben geredet	wir werden reden
ihr habt geredet	ihr werdet reden
sie haben geredet	sie werden reden

Pluperfect indicative	*Conditional*
ich hatte geredet	ich würde reden
du hattest geredet	du würdest reden
er hatte geredet	er würde reden
wir hatten geredet	wir würden reden
ihr hattet geredet	ihr würdet reden
sie hatten geredet	sie würden reden

Imperative rede! reden wir! redet! reden Sie!

reiben *to rub*

Present participle reibend
Past participle gerieben

Present indicative	*Present subjunctive*
ich reibe	ich reibe
du reibst	du reibest
er reibt	er reibe
wir reiben	wir reiben
ihr reibt	ihr reibet
sie reiben	sie reiben

Imperfect indicative	*Imperfect subjunctive*
ich rieb	ich riebe
du riebst	du riebest
er rieb	er riebe
wir rieben	wir rieben
ihr riebt	ihr riebet
sie rieben	sie rieben

Perfect indicative	*Future indicative*
ich habe gerieben	ich werde reiben
du hast gerieben	du wirst reiben
er hat gerieben	er wird reiben
wir haben gerieben	wir werden reiben
ihr habt gerieben	ihr werdet reiben
sie haben gerieben	sie werden reiben

Pluperfect indicative	*Conditional*
ich hatte gerieben	ich würde reiben
du hattest gerieben	du würdest reiben
er hatte gerieben	er würde reiben
wir hatten gerieben	wir würden reiben
ihr hattet gerieben	ihr würdet reiben
sie hatten gerieben	sie würden reiben

Imperative reib(e)! reiben wir! reibt! reiben Sie!

reißen *to tear*

Present participle reißend
Past participle gerissen

Present indicative	*Present subjunctive*
ich reiße	ich reiße
du reißt	du reißest
er reißt	er reiße
wir reißen	wir reißen
ihr reißt	ihr reißet
sie reißen	sie reißen

Imperfect indicative	*Imperfect subjunctive*
ich riß	ich risse
du rissest	du rissest
er riß	er risse
wir rißen	wir rissen
ihr rißt	ihr risset
sie rißen	sie rissen

Perfect indicative	*Future indicative*
ich bin/habe gerissen	ich werde reißen
du bist/hast gerissen	du wirst reißen
er ist/hat gerissen	er wird reißen
wir sind/haben gerissen	wir werden reißen
ihr seid/habt gerissen	ihr werdet reißen
sie sind/haben gerissen	sie werden reißen

Pluperfect indicative	*Conditional*
ich war/hatte gerissen	ich würde reißen
du warst/hattest gerissen	du würdest reißen
er war/hatte gerissen	er würde reißen
wir waren/hatten gerissen	wir würden reißen
ihr wart/hattet gerissen	ihr würdet reißen
sie waren/hatten gerissen	sie würden reißen

Imperative reiß(e)! reißen wir! reißt! reißen Sie!

reiten *to ride* (*a horse*)

Present participle reitend
Past participle geritten

Present indicative	*Present subjunctive*
ich reite	ich reite
du reitest	du reitest
er reitet	er reite
wir reiten	wir reiten
ihr reitet	ihr reitet
sie reiten	sie reiten

Imperfect indicative	*Imperfect subjunctive*
ich ritt	ich ritte
du ritt(e)st	du rittest
er ritt	er ritte
wir ritten	wir ritten
ihr rittet	ihr rittet
sie ritten	sie ritten

Perfect indicative	*Future indicative*
ich bin/habe geritten	ich werde reiten
du bist/hast geritten	du wirst reiten
er ist/hat geritten	er wird reiten
wir sind/haben geritten	wir werden reiten
ihr seid/habt geritten	ihr werdet reiten
sie sind/haben geritten	sie werden reiten

Pluperfect indicative	*Conditional*
ich war/hatte geritten	ich würde reiten
du warst/hattest geritten	du würdest reiten
er war/hatte geritten	er würde reiten
wir waren/hatten geritten	wir würden reiten
ihr wart/hattet geritten	ihr würdet reiten
sie waren/hatten geritten	sie würden reiten

Imperative reit(e)! reiten wir! reitet! reiten Sie!

rennen *to run*

Present participle rennend
Past participle gerannt

Present indicative	*Present subjunctive*
ich renne	ich renne
du rennst	du rennest
er rennt	er renne
wir rennen	wir rennen
ihr rennt	ihr rennet
sie rennen	sie rennen

Imperfect indicative	*Imperfect subjunctive*
ich rannte	ich rennte
du ranntest	du renntest
er rannte	er rennte
wir rannten	wir rennten
ihr ranntet	ihr renntet
sie rannten	sie rennten

Perfect indicative	*Future indicative*
ich bin gerannt	ich werde rennen
du bist gerannt	du wirst rennen
er ist gerannt	er wird rennen
wir sind gerannt	wir werden rennen
ihr seid gerannt	ihr werdet rennen
sie sind gerannt	sie werden rennen

Pluperfect indicative	*Conditional*
ich war gerannt	ich würde rennen
du warst gerannt	du würdest rennen
er war gerannt	er würde rennen
wir waren gerannt	wir würden rennen
ihr wart gerannt	ihr würdet rennen
sie waren gerannt	sie würden rennen

Imperative renn(e)! rennen wir! rennt! rennen Sie!

riechen *to smell*

Present participle riechend
Past participle gerochen

Present indicative	*Present subjunctive*
ich rieche	ich rieche
du riechst	du riechest
er riecht	er rieche
wir riechen	wir riechen
ihr riecht	ihr riechet
sie riechen	sie riechen

Imperfect indicative	*Imperfect subjunctive*
ich roch	ich röche
du rochst	du röchest
er roch	er röche
wir rochen	wir röchen
ihr rocht	ihr röchet
sie rochen	sie röchen

Perfect indicative	*Future indicative*
ich habe gerochen	ich werde riechen
du hast gerochen	du wirst riechen
er hat gerochen	er wird riechen
wir haben gerochen	wir werden riechen
ihr habt gerochen	ihr werdet riechen
sie haben gerochen	sie werden riechen

Pluperfect indicative	*Conditional*
ich hatte gerochen	ich würde riechen
du hattest gerochen	du würdest riechen
er hatte gerochen	er würde riechen
wir hatten gerochen	wir würden riechen
ihr hattet gerochen	ihr würdet riechen
sie hatten gerochen	sie würden riechen

Imperative riech(e)! riechen wir! riecht! riechen Sie!

ringen *to struggle*

Present participle ringend
Past participle berungen

Present indicative	*Present subjunctive*
ich ringe	ich ringe
du ringst	du ringest
er ringt	er ringe
wir ringen	wir ringen
ihr ringt	ihr ringet
sie ringen	sie ring en

Imperfect indicative	*Imperfect subjunctive*
ich rang	ich ränge
du rangst	du rängest
er rang	er ränge
wir rangen	wir rängen
ihr rangt	ihr ränget
sie rangen	sie rängen

Perfect indicative	*Future indicative*
ich habe gerungen	ich werde ringen
du hast gerungen	du wirst ringen
er hat gerungen	er wird ringen
wir haben gerungen	wir werden ringen
ihr habt gerungen	ihr werdet ringen
sie haben gerungen	sie werden ringen

Pluperfect indicative	*Conditional*
ich hatte gerungen	ich würde ringen
du hattest gerungen	du würdest ringen
er hatte gerungen	er würde ringen
wir hatten gerungen	wir würden ringen
ihr hattet gerungen	ihr würdet ringen
sie hatten gerungen	sie würden ringen

Imperative ring(e)! ringen wir! ringt! ringen Sie!

rinnen *to flow, trickle*

Present participle rinnend
Past participle geronnen

Present indicative	*Present subjunctive*
ich rinne	ich rinne
du rinnst	du rinnest
er rinnt	er rinne
wir rinnen	wir rinnen
ihr rinnt	ihr rinnet
sie rinnen	sie rinnen

Imperfect indicative	*Imperfect subjunctive*
ich rann	ich ränne
du rannst	du rännest
er rann	er ränne
wir rannen	wir rännen
ihr rannt	ihr rännet
sie rannen	sie rännen

Perfect indicative	*Future indicative*
ich bin geronnen	ich werde rinnen
du bist geronnen	du wirst rinnen
er ist geronnen	er wird rinnen
wir sind geronnen	wir werden rinnen
ihr seid geronnen	ihr werdet rinnen
sie sind geronnen	sie werden rinnen

Pluperfect indicative	*Conditional*
ich war geronnen	ich würde rinnen
du warst geronnen	du würdest rinnen
er war geronnen	er würde rinnen
wir waren geronnen	wir würden rinnen
ihr wart geronnen	ihr würdet rinnen
sie waren geronnen	sie würden rinnen

Imperative rinn! rinnen wir! rinnt! rinnen Sie!

rufen *to call, shout*

Present participle rufend
Past participle gerufen

Present indicative	*Present subjunctive*
ich rufe	ich rufe
du rufst	du rufest
er ruft	er rufe
wir rufen	wir rufen
ihr ruft	ihr rufet
sie rufen	sie rufen

Imperfect indicative	*Imperfect subjunctive*
ich rief	ich riefe
du riefst	du riefest
er rief	er riefe
wir riefen	wir riefen
ihr rieft	ihr riefet
sie riefen	sie riefen

Perfect indicative	*Future indicative*
ich habe gerufen	ich werde rufen
du hast gerufen	du wirst rufen
er hat gerufen	er wird rufen
wir haben gerufen	wir werden rufen
ihr habt gerufen	ihr werdet rufen
sie haben gerufen	sie werden rufen

Pluperfect indicative	*Conditional*
ich hatte gerufen	ich würde rufen
du hattest gerufen	du würdest rufen
er hatte gerufen	er würde rufen
wir hatten gerufen	wir würden rufen
ihr hattet gerufen	ihr würdet rufen
sie hatten gerufen	sie würden rufen

Imperative ruf(e)! rufen wir! ruft! rufen Sie!

saufen *to drink (of animals), booze*

Present participle saufend
Past participle gesoffen

Present indicative	*Present subjunctive*
ich saufe	ich saufe
du säufst	du saufest
er säuft	er saufe
wir saufen	wir saufen
ihr sauft	ihr saufet
sie saufen	sie saufen

Imperfect indicative	*Imperfect subjunctive*
ich soff	ich söffe
du soffst	du söffest
er soff	er söffe
wir soffen	wir söffen
ihr sofft	ihr söffet
sie soffen	sie söffen

Perfect indicative	*Future indicative*
ich habe gesoffen	ich werde saufen
du hast gesoffen	du wirst saufen
er hat gesoffen	er wird saufen
wir haben gesoffen	wir werden saufen
ihr habt gesoffen	ihr werdet saufen
sie haben gesoffen	sie werden saufen

Pluperfect indicative	*Conditional*
ich hatte gesoffen	ich würde saufen
du hattest gesoffen	du würdest saufen
er hatte gesoffen	er würde saufen
wir hatten gesoffen	wir würden saufen
ihr hattet gesoffen	ihr würdet saufen
sie hatten gesoffen	sie würden saufen

Imperative sauf(e)! saufen wir! sauft! saufen Sie!

saugen *to suck*
Present participle saugend
Past participle gesogen

Present indicative	*Present subjunctive*
ich sauge	ich sauge
du saugst	du saugest
er saugt	er sauge
wir saugen	wir saugen
ihr saugt	ihr sauget
sie saugen	sie saugen

Imperfect indicative	*Imperfect subjunctive*
ich sog	ich söge
du sogst	du sögest
er sog	er söge
wir sogen	wir sögen
ihr sogt	ihr söget
sie sogen	sie sögen

Perfect indicative	*Future indicative*
ich habe gesogen	ich werde saugen
du hast gesogen	du wirst saugen
er hat gesogen	er wird saugen
wir haben gesogen	wir werden saugen
ihr habt gesogen	ihr werdet saugen
sie haben gesogen	sie werden saugen

Pluperfect indicative	*Conditional*
ich hatte gesogen	ich würde saugen
du hattest gesogen	du würdest saugen
er hatte gesogen	er würde saugen
wir hatten gesogen	wir würden saugen
ihr hattet gesogen	ihr würdet saugen
sie hatten gesogen	sie würden saugen

Imperative saug(e)! saugen wir! saugt! saugen Sie!

schaffen *to create*

Present participle schaffen
Past participle geschaffen

Present indicative	*Present subjunctive*
ich schaffe	ich schaffe
du schaffst	du schaffest
er schafft	er schaffe
wir schaffen	wir schaffen
ihr schafft	ihr schaffet
sie schaffen	sie schaffen

Imperfect indicative	*Imperfect subjunctive*
ich schuf	ich schüfe
du schufst	du schüfest
er schuf	er schüfe
wir schufen	wir schüfen
ihr schuft	ihr schüfet
sie schufen	sie schüfen

Perfect indicative	*Future indicative*
ich habe geschaffen	ich werde schaffen
du hast geschaffen	du wirst schaffen
er hat geschaffen	er wird schaffen
wir haben geschaffen	wir werden schaffen
ihr habt geschaffen	ihr werdet schaffen
sie haben geschaffen	sie werden schaffen

Pluperfect indicative	*Conditional*
ich hatte geschaffen	ich würde schaffen
du hattest geschaffen	du würdest schaffen
er hatte geschaffen	er würde schaffen
wir hatten geschaffen	wir würden schaffen
ihr hattet geschaffen	ihr würdet schaffen
sie hatten geschaffen	sie würden schaffen

Imperative schaff(e)! schaffen wir! schafft! schaffen Sie!

scheiden *to separate, part*

Present participle scheidend
Past participle geschieden

Present indicative	*Present subjunctive*
ich scheide	ich scheide
du scheidest	du scheidest
er scheidet	er scheide
wir scheiden	wir scheiden
ihr scheidet	ihr scheidet
sie scheiden	sie scheiden

Imperfect indicative	*Imperfect subjunctive*
ich schied	ich schiede
du schied(e)st	du schiedest
er schied	er schiede
wir schieden	wir schieden
ihr schiedet	ihr schiedet
sie schieden	sie schieden

Perfect indicative	*Future indicative*
ich bin/habe geschieden	ich werde scheiden
du bist/hast geschieden	du wirst scheiden
er ist/hat geschieden	er wird scheiden
wir sind/haben geschieden	wir werden scheiden
ihr seid/habt geschieden	ihr werdet scheiden
sie sind/haben geschieden	sie werden scheiden

Pluperfect indicative	*Conditional*
ich war/hatte geschieden	ich würde scheiden
du warst/hattest geschieden	du würdest scheiden
er war/hatte geschieden	er würde scheiden
wir waren/hatten geschieden	wir würden scheiden
ihr wart/hattet geschieden	ihr würdet scheiden
sie waren/hatten geschieden	sie würden scheiden

Imperative scheid(e)! scheiden wir! scheidet! scheiden Sie!

scheinen *to shine; to seem*

Present participle scheinend
Past participle geschienen

Present indicative	*Present subjunctive*
ich schiene	ich schiene
du scheinst	du schienest
er scheint	er schiene
wir scheinen	wir scheinen
ihr scheint	ihr schienet
sie scheinen	sie scheinen
Imperfect indicative	*Imperfect subjunctive*
ich schien	ich schiene
du schienst	du schienest
er schien	er schiene
wir schienen	wir schienen
ihr schient	ihr schienet
sie schienen	sie schienen
Perfect indicative	*Future indicative*
ich habe geschienen	ich werde scheinen
du hast geschienen	du wirst scheinen
er hat geschienen	er wird scheinen
wir haben geschienen	wir werden scheinen
ihr habt geschienen	ihr werdet scheinen
sie haben geschienen	sie werden scheinen
Pluperfect indicative	*Conditional*
ich hatte geschienen	ich würde scheinen
du hattest geschienen	du würdest scheinen
er hatte geschienen	er würde scheinen
wir hatten geschienen	wir würden scheinen
ihr hattet geschienen	ihr würdet scheinen
sie hatten geschienen	sie würden scheinen

Imperative schein(e)! scheinen wir! scheint! scheinen Sie!

shelten *to scold*

Present participle scheltend
Past participle gescholten

Present indicative	*Present subjunctive*
ich schelte	ich schelte
du schiltst	du scheltest
er schilt	er schelte
wir schelten	wir schelten
ihr scheltet	ihr scheltet
sie schelten	sie schelten

Imperfect indicative	*Imperfect subjunctive*
ich schalt	ich schölte
du schalt(e)st	du schöltest
er schalt	er schölte
wir schalten	wir schölten
ihr schaltet	ihr schöltet
sie schalten	sie schölten

Perfect indicative	*Future indicative*
ich habe gescholten	ich werde schelten
du hast gescholten	du wirst schelten
er hat gescholten	er wird schelten
wir haben gescholten	wir werden schelten
ihr habt gescholten	ihr werdet schelten
sie haben gescholten	sie werden schelten

Pluperfect indicative	*Conditional*
ich hatte gescholten	ich würde schelten
du hattest gescholten	du würdest schelten
er hatte gescholten	er würde schelten
wir hatten gescholten	wir würden schelten
ihr hattet gescholten	ihr würdet schelten
sie hatten gescholten	sie würden schelten

Imperative schilt! schelten wir! scheltet! schelten Sie!

scheren *to shear, clip*

Present participle scherend
Past participle geschoren

Present indicative	*Present subjunctive*
ich schere	ich schere
du scherst	du scherest
er schert	er schere
wir scheren	wir scheren
ihr schert	ihr scheret
sie scheren	sie scheren

Imperfect indicative	*Imperfect subjunctive*
ich schor	ich schöre
du schorst	du schörest
er schor	er schöre
wir schoren	wir schören
ihr schort	ihr schöret
sie schoren	sie schören

Perfect indicative	*Future indicative*
ich habe geschoren	ich werde scheren
du hast geschoren	du wirst scheren
er hat geschoren	er wird scheren
wir haben geschoren	wir werden scheren
ihr habt geschoren	ihr werdet scheren
sie haben geschoren	sie werden scheren

Pluperfect indicative	*Conditional*
ich hatte geschoren	ich würde scheren
du hattest geschoren	du würdest scheren
er hatte geschoren	er würde scheren
wir hatten geschoren	wir würden scheren
ihr hattet geschoren	ihr würdet scheren
sie hatten geschoren	sie würden scheren

Imperative scher(e)! scheren wir! schert! scheren Sie!

schieben *to push*

Present participle schiebend
Past participle geschoben

Present indicative	*Present subjunctive*
ich schiebe	ich schiebe
du schiebst	du schiebest
er schiebt	er schiebe
wir schieben	wir schieben
ihr schiebt	ihr schiebet
sie schieben	sie schieben
Imperfect indicative	*Imperfect subjunctive*
ich schob	ich schöbe
du schobst	du schöbest
er schob	er schöbe
wir schoben	wir schöben
ihr schobt	ihr schöbet
sie schoben	sie schöben
Perfect indicative	*Future indicative*
ich habe geschoben	ich werde schieben
du hast geschoben	du wirst schieben
er hat geschoben	er wird schieben
wir haben geschoben	wir werden schieben
ihr habt geschoben	ihr werdet schieben
sie haben geschoben	sie werden schieben
Pluperfect indicative	*Conditional*
ich hatte geschoben	ich würde schieben
du hattest geschoben	du würdest schieben
er hatte geschoben	er würde schieben
wir hatten geschoben	wir würden schieben
ihr hattet geschoben	ihr würdet schieben
sie hatten geschoben	sie würden schieben

Imperative schieb(e)! schieben wir! schiebt! schieben Sie!

schießen *to shoot*

Present participle schießend
Past participle geschossen

Present indicative
ich schieße
du schießt
er schießt
wir schießen
ihr schießt
sie schießen

Present subjunctive
ich schieße
du schießest
er schieße
wir schießen
ihr schießet
sie schießen

Imperfect indicative
ich schoß
du schossest
er schoß
wir schossen
ihr schoßt
sie schossen

Imperfect subjunctive
ich schösse
du schössest
er schösse
wir schössen
ihr schösset
sie schössen

Perfect indicative
ich habe geschossen
du hast geschossen
er hat geschossen
wir haben geschossen
ihr habt geschossen
sie haben geschossen

Future indicative
ich werde schießen
du wirst schießen
er wird schießen
wir werden schießen
ihr werdet schießen
sie werden schießen

Pluperfect indicative
ich hatte geschossen
du hattest geschossen
er hatte geschossen
wir hatten geschossen
ihr hattet geschossen
sie hatten geschossen

Conditional
ich würde schießen
du würdest schießen
er würde schießen
wir würden schießen
ihr würdet schießen
sie würden schießen

Imperative schieß(e)! schießen wir! schießt! schießen Sie!

schlafen *to sleep*

Present participle schlafend
Past participle geschlafen

Present indicative
ich schlafe
du schläfst
er schläft
wir schlafen
ihr schlaft
sie schlafen

Present subjunctive
ich schlafe
du schlafest
er schlafe
wir schlafen
ihr schlafet
sie schlafen

Imperfect indicative
ich schlief
du schliefst
er schlief
wir schliefen
ihr schlieft
sie schliefen

Imperfect subjunctive
ich schliefe
du schliefest
er schliefe
wir schliefen
ihr schliefet
sie schliefen

Perfect indicative
ich habe geschlafen
du hast geschlafen
er hat geschlafen
wir haben geschlafen
ihr habt geschlafen
sie haben geschlafen

Future indicative
ich werde schlafen
du wirst schlafen
er wird schlafen
wir werden schlafen
ihr werdet schlafen
sie werden schlafen

Pluperfect indicative
ich hatte geschlafen
du hattest geschlafen
er hatte geschlafen
wir hatten geschlafen
ihr hattet geschlafen
sie hatten geschlafen

Conditional
ich würde schlafen
du würdest schlafen
er würde schlafen
wir würden schlafen
ihr würdet schlafen
sie würden schlafen

Imperative schlaf(e)! schlafen wir! schlaft! schlafen Sie!

schlagen *to hit*

Present participle schlagend
Past participle geschlagen

Present indicative	*Present subjunctive*
ich schlage	ich schlage
du schlägst	du schlagest
er schlägt	er schlage
wir schlagen	wir schlagen
ihr schlagt	ihr schlaget
sie schlagen	sie schlagen

Imperfect indicative	*Imperfect subjunctive*
ich schlug	ich schlüge
du schlugst	du schlügest
er schlug	er schlüge
wir schlugen	wir schlügen
ihr schlugt	ihr schlüget
sie schlugen	sie schlügen

Perfect indicative	*Future indicative*
ich habe geschlagen	ich werde schlagen
du hast geschlagen	du wirst schlagen
er hat geschlagen	er wird schlagen
wir haben geschlagen	wir werden schlagen
ihr habt geschlagen	ihr werdet schlagen
sie haben geschlagen	sie werden schlagen

Pluperfect indicative	*Conditional*
ich hatte geschlagen	ich würde schlagen
du hattest geschlagen	du würdest schlagen
er hatte geschlagen	er würde schlagen
wir hatten geschlagen	wir würden schlagen
ihr hattet geschlagen	ihr würdet schlagen
sie hatten geschlagen	sie würden schlagen

Imperative schlag(e)! schlagen wir! schlagt! schlagen Sie!

schleichen *to creep*

Present participle schleichend
Past participle geschlichen

Present indicative	*Present subjunctive*
ich schleiche	ich schleiche
du schleichst	du schleichest
er schleicht	er schleiche
wir schleichen	wir schleichen
ihr schleicht	ihr schleichet
sie schleichen	sie schleichen

Imperfect indicative	*Imperfect subjunctive*
ich schlich	ich schliche
du schlichst	du schlichest
er schlich	er schliche
wir schlichen	wir schlichen
ihr schlicht	ihr schlichet
sie schlichen	sie schlichen

Perfect indicative	*Future indicative*
ich bin geschlichen	ich werde schleichen
du bist geschlichen	du wirst schleichen
er ist geschlichen	er wird schleichen
wir sind geschlichen	wir werden schleichen
ihr seid geschlichen	ihr werdet schleichen
sie sind geschlichen	sie werden schleichen

Pluperfect indicative	*Conditional*
ich war geschlichen	ich würde schleichen
du warst geschlichen	du würdest schleichen
er war geschlichen	er würde schleichen
wir waren geschlichen	wir würden schleichen
ihr wart geschlichen	ihr würdet schleichen
sie waren geschlichen	sie würden schleichen

Imperative schleich! schleichen wir! schleicht! schleichen Sie!

schleifen *to drag*

Present participle schleifend
Past participle geschliffen

Present indicative	*Present subjunctive*
ich schleife	ich schleife
du schleifst	du schleifest
er schleift	er schleife
wir schleifen	wir schleifen
ihr schleift	ihr schleifet
sie schleifen	sie schleifen

Imperfect indicative	*Imperfect subjunctive*
ich schliff	ich schliffe
du schliffst	du schliffest
er schliff	er schliffe
wir schliffen	wir schliffen
ihr schlifft	ihr schliffet
sie schliffen	sie schliffen

Perfect indicative	*Future indicative*
ich habe geschliffen	ich werde schleifen
du hast geschliffen	du wirst schleifen
er hat geschliffen	er wird schleifen
wir haben geschliffen	wir werden schleifen
ihr habt geschliffen	ihr werdet schleifen
sie haben geschliffen	sie werden schleifen

Pluperfect indicative	*Conditional*
ich hatte geschliffen	ich würde schleifen
du hattest geschliffen	du würdest schleifen
er hatte geschliffen	er würde schleifen
wir hatten geschliffen	wir würden schleifen
ihr hattet geschliffen	ihr würdet schleifen
sie hatten geschliffen	sie würden schleifen

Imperative schleif(e)! schleifen wir! schleift! schleifen Sie!

schießen *to shoot*

Present participle schießend
Past participle geschossen

Present indicative	*Present subjunctive*
ich schieße	ich schieße
du schießt	du schießest
er schießt	er schieße
wir schießen	wir schießen
ihr schießt	ihr schießet
sie schießen	sie schießen

Imperfect indicative	*Imperfect subjunctive*
ich schoß	ich schösse
du schossest	du schössest
er schoß	er schösse
wir schossen	wir schössen
ihr schoßt	ihr schösset
sie schossen	sie schössen

Perfect indicative	*Future indicative*
ich habe geschossen	ich werde schießen
du hast geschossen	du wirst schießen
er hat geschossen	er wird schießen
wir haben geschossen	wir werden schießen
ihr habt geschossen	ihr werdet schießen
sie haben geschossen	sie werden schießen

Pluperfect indicative	*Conditional*
ich hatte geschossen	ich würde schießen
du hattest geschossen	du würdest schießen
er hatte geschossen	er würde schießen
wir hatten geschossen	wir würden schießen
ihr hattet geschossen	ihr würdet schießen
sie hatten geschossen	sie würden schießen

Imperative schieß(e)! schießen wir! schießt! schießen Sie!

schlingen *to wind, wrap*
Present participle schlingend
Past participle geschlungen

Present indicative	*Present subjunctive*
ich schlinge	ich schlinge
du schlingst	du schlingest
er schlingt	er schlinge
wir schlingen	wir schlingen
ihr schlingt	ihr schlinget
sie schlingen	sie schlingen

Imperfect indicative	*Imperfect subjunctive*
ich schlang	ich schlänge
du schlangst	du schlängest
er schlang	er schlänge
wir schlangen	wir schlängen
ihr schlangt	ihr schlänget
sie schlangen	sie schlängen

Perfect indicative	*Future indicative*
ich habe geschlungen	ich werde schlingen
du hast geschlungen	du wirst schlingen
er hat geschlungen	er wird schlingen
wir haben geschlungen	wir werden schlingen
ihr habt geschlungen	ihr werdet schlingen
sie haben geschlungen	sie werden schlingen

Pluperfect indicative	*Conditional*
ich hatte geschlungen	ich würde schlingen
du hattest geschlungen	du würdest schlingen
er hatte geschlungen	er würde schlingen
wir hatten geschlungen	wir würden schlingen
ihr hattet geschlungen	ihr würdet schlingen
sie hatten geschlungen	sie würden schlingen

Imperative schling(e)! schlingen wir! schlingt! schlingen Sie!

schmelzen *to melt*

Present participle schmelzend
Past participle geschmolzen

Present indicative	*Present subjunctive*
ich schmelze	ich schmelze
du schmilzt	du schmelzest
er schmilzt	er schmelze
wir schmelzen	wir schmelzen
ihr schmelzt	ihr schmelzet
sie schmelzen	sie schmelzen

Imperfect indicative	*Imperfect subjunctive*
ich schmolz	ich schmölze
du schmolzest	du schmölzest
er schmolz	er schmölze
wir schmolzen	wir schmölzen
ihr schmolzt	ihr schmölzet
sie schmolzen	sie schmölzen

Perfect indicative	*Future indicative*
ich habe geschmolzen	ich werde schmelzen
du hast geschmolzen	du wirst schmelzen
er hat geschmolzen	er wird schmelzen
wir haben geschmolzen	wir werden schmelzen
ihr habt geschmolzen	ihr werdet schmelzen
sie haben geschmolzen	sie werden schmelzen

Pluperfect indicative	*Conditional*
ich hatte geschmolzen	ich würde schmelzen
du hattest geschmolzen	du würdest schmelzen
er hatte geschmolzen	er würde schmelzen
wir hatten geschmolzen	wir würden schmelzen
ihr hattet geschmolzen	ihr würdet schmelzen
sie hatten geschmolzen	sie würden schmelzen

Imperative schmilz! schmelzen wir! schmelzt! schmelzen Sie!

schneiden *to cut*

Present participle schneidend
Past participle geschnitten

Present indicative	*Present subjunctive*
ich schneide	ich schneide
du schneidest	du schneidest
er schneidet	er schneide
wir schneiden	wir schneiden
ihr schneidet	ihr schneidet
sie schneiden	sie schneiden

Imperfect indicative	*Imperfect subjunctive*
ich schnitt	ich schnitte
du schnittst	du schnittest
er schnitt	er schnitte
wir schnitten	wir schnitten
ihr schnittet	ihr schnittet
sie schnitten	sie schnitten

Perfect indicative	*Future indicative*
ich habe geschnitten	ich werde schneiden
du hast geschnitten	du wirst schneiden
er hat geschnitten	er wird schneiden
wir haben geschnitten	wir werden schneiden
ihr habt geschnitten	ihr werdet schneiden
sie haben geschnitten	sie werden schneiden

Pluperfect indicative	*Conditional*
ich hatte geschnitten	ich würde schneiden
du hattest geschnitten	du würdest schneiden
er hatte geschnitten	er würde schneiden
wir hatten geschnitten	wir würden schneiden
ihr hattet geschnitten	ihr würdet schneiden
sie hatten geschnitten	sie würden schneiden

Imperative schneid(e)! schneiden wir! schneidet! schneiden Sie!

schieben *to push*

Present participle schiebend
Past participle geschoben

Present indicative	*Present subjunctive*
ich schiebe	ich schiebe
du schiebst	du schiebest
er schiebt	er schiebe
wir schieben	wir schieben
ihr schiebt	ihr schiebet
sie schieben	sie schieben

Imperfect indicative	*Imperfect subjunctive*
ich schob	ich schöbe
du schobst	du schöbest
er schob	er schöbe
wir schoben	wir schöben
ihr schobt	ihr schöbet
sie schoben	sie schöben

Perfect indicative	*Future indicative*
ich habe geschoben	ich werde schieben
du hast geschoben	du wirst schieben
er hat geschoben	er wird schieben
wir haben geschoben	wir werden schieben
ihr habt geschoben	ihr werdet schieben
sie haben geschoben	sie werden schieben

Pluperfect indicative	*Conditional*
ich hatte geschoben	ich würde schieben
du hattest geschoben	du würdest schieben
er hatte geschoben	er würde schieben
wir hatten geschoben	wir würden schieben
ihr hattet geschoben	ihr würdet schieben
sie hatten geschoben	sie würden schieben

Imperative schieb(e)! schieben wir! schiebt! schieben Sie!

schreien to shout

Present participle schreiend
Past participle geschrie(e)n

Present indicative	*Present subjunctive*
ich schreie	ich schreie
du schreist	du schreiest
er schreit	er schreie
wir schreien	wir schreien
ihr schreit	ihr schreiet
sie schreien	sie schreien

Imperfect indicative	*Imperfect subjunctive*
ich schrie	ich schriee
du schriest	du schrieest
er schrie	er schriee
wir schrieen	wir schrieen
ihr schriet	ihr schrieet
sie schrieen	sie schrieen

Perfect indicative	*Future indicative*
ich habe geschrie(e)n	ich werde schreien
du hast geschrie(e)n	du wirst schreien
er hat geschrie(e)n	er wird schreien
wir haben geschrie(e)n	wir werden schreien
ihr habt geschrie(e)n	ihr werdet schreien
sie haben geschrie(e)n	sie werden schreien

Pluperfect indicative	*Conditional*
ich hatte geschrie(e)n	ich würde schreien
du hattest geschrie(e)n	du würdest schreien
er hatte geschrie(e)n	er würde schreien
wir hatten geschrie(e)n	wir würden schreien
ihr hattet geschrie(e)n	ihr würdet schreien
sie hatten geschrie(e)n	sie würden schreien

Imperative schrei(e)! schreien wir! schreit! schreien Sie!

schreiten *to stride*

Present participle schreitend
Past participle geschritten

Present indicative	*Present subjunctive*
ich schreite	ich schreite
du schreitest	du schreitest
er schreitet	er schreite
wir schreiten	wir schreiten
ihr schreitet	ihr schreitet
sie schreiten	sie schreiten

Imperfect indicative	*Imperfect subjunctive*
ich schritt	ich schritte
du schritt(e)st	du schrittest
er schritt	er schritte
wir schritten	wir schritten
ihr schrittet	ihr schrittet
sie schritten	sie schritten

Perfect indicative	*Future indicative*
ich bin geschritten	ich werde schreiten
du bist geschritten	du wirst schreiten
er ist geschritten	er wird schreiten
wir sind geschritten	wir werden schreiten
ihr seid geschritten	ihr werdet schreiten
sie sind geschritten	sie werden schreiten

Pluperfect indicative	*Conditional*
ich war geschritten	ich würde schreiten
du warst geschritten	du würdest schreiten
er war geschritten	er würde schreiten
wir waren geschritten	wir würden schreiten
ihr wart geschritten	ihr würdet schreiten
sie waren geschritten	sie würden schreiten

Imperative schreit(e)! schreiten wir! schreitet! schreiten Sie!

schwellen *to swell*

Present participle schwellend
Past participle geschwollen

Present indicative	*Present subjunctive*
ich schwelle	ich schwelle
du schwillst	du schwellest
er schwillt	er schwelle
wir schwellen	wir schwellen
ihr schwellt	ihr schwellet
sie schwellen	sie schwellen
Imperfect indicative	*Imperfect subjunctive*
ich schwoll	ich schwölle
du schwollst	du schwöllest
er schwoll	er schwölle
wir schwollen	wir schwöllen
ihr schwollt	ihr schwöllet
sie schwollen	sie schwöllen
Perfect indicative	*Future indicative*
ich bin geschwollen	ich werde schwellen
du bist geschwollen	du wirst schwellen
er ist geschwollen	er wird schwellen
wir sind geschwollen	wir werden schwellen
ihr seid geschwollen	ihr werdet schwellen
sie sind geschwollen	sie werden schwellen
Pluperfect indicative	*Conditional*
ich war geschwollen	ich würde schwellen
du warst geschwollen	du würdest schwellen
er war geschwollen	er würde schwellen
wir waren geschwollen	wir würden schwellen
ihr wart geschwollen	ihr würdet schwellen
sie waren geschwollen	sie würden schwellen

Imperative schwill! schwellen wir! schwellt! schwellen Sie!

schwimmen *to swim*

Present participle schwimmend
Past participle geschwommen

Present indicative	*Present subjunctive*
ich schwimme	ich schwimme
du schwimmst	du schwimmest
er schwimmt	er schwimme
wir schwimmen	wir schwimmen
ihr schwimmt	ihr schwimmet
sie schwimmen	sie schwimmen

Imperfect indicative	*Imperfect subjunctive*
ich schwamm	ich schwömme
du schwammst	du schwömmest
er schwamm	er schwömme
wir schwammen	wir schwömmen
ihr schwammt	ihr schwömmet
sie schwammen	sie schwömmen

Perfect indicative	*Future indicative*
ich bin geschwommen	ich werde schwimmen
du bist geschwommen	du wirst schwimmen
er ist geschwommen	er wird schwimmen
wir sind geschwommen	wir werden schwimmen
ihr seid geschwommen	ihr werdet schwimmen
sie sind geschwommen	sie werden schwimmen

Pluperfect indicative	*Conditional*
ich war geschwommen	ich würde schwimmen
du warst geschwommen	du würdest schwimmen
er war geschwommen	er würde schwimmen
wir waren geschwommen	wir würden schwimmen
ihr wart geschwommen	ihr würdet schwimmen
sie waren geschwommen	sie würden schwimmen

Imperative schwimm(e)! schwimmen wir! schwimmt!
schwimmen Sie!

schwingen *to swing*

Present participle schwingen
Past participle beschwungen

Present indicative	*Present subjunctive*
ich schwinge	ich schwinge
du schwingst	du schwingest
er schwingt	er schwinge
wir schwingen	wir schwingen
ihr schwingt	ihr schwinget
sie schwingen	sie schwing en

Imperfect indicative	*Imperfect subjunctive*
ich schwang	ich schwänge
du schwangst	du schwängest
er schwang	er schwänge
wir schwangen	wir schwängen
ihr schwangt	ihr schwänget
sie schwangen	sie schwängen

Perfect indicative	*Future indicative*
ich habe geschwungen	ich werde schwingen
du hast geschwungen	du wirst schwingen
er hat geschwungen	er wird schwingen
wir haben geschwungen	wir werden schwingen
ihr habt geschwungen	ihr werdet schwingen
sie haben geschwungen	sie werden schwingen

Pluperfect indicative	*Conditional*
ich hatte geschwungen	ich würde schwingen
du hattest geschwungen	du würdest schwingen
er hatte geschwungen	er würde schwingen
wir hatten geschwungen	wir würden schwingen
ihr hattet geschwungen	ihr würdet schwingen
sie hatten geschwungen	sie würden schwingen

Imperative schwing(e)! schwingen wir! schwingt!
schwingen Sie!

schwören *to swear, vow*

Present participle schwörend
Past participle geschworen

Present indicative	*Present subjunctive*
ich schwöre	ich schwöre
du schwörst	du schwörest
er schwört	er schwöre
wir schwören	wir schwören
ihr schwört	ihr schwöret
sie schwören	sie schwören
Imperfect indicative	*Imperfect subjunctive*
ich schwor	ich schwüre
du schworst	du schwürest
er schwor	er schwüre
wir schworen	wir schwüren
ihr schwort	ihr schwüret
sie schworen	sie schwüren
Perfect indicative	*Future indicative*
ich habe geschworen	ich werde schwören
du hast geschworen	du wirst schwören
er hat geschworen	er wird schwören
wir haben geschworen	wir werden schwören
ihr habt geschworen	ihr werdet schwören
sie haben geschworen	sie werden schwören
Pluperfect indicative	*Conditional*
ich hatte geschworen	ich würde schwören
du hattest geschworen	du würdest schwören
er hatte geschworen	er würde schwören
wir hatten geschworen	wir würden schwören
ihr hattet geschworen	ihr würdet schwören
sie hatten geschworen	sie würden schwören

Imperative schwör(e)! schwören wir! schwört! schwören Sie!

sehen *to see*

Present participle sehend
Past participle gesehen

Present indicative	*Present subjunctive*
ich sehe	ich sehe
du siehst	du sehest
er sieht	er sehe
wir sehen	wir sehen
ihr seht	ihr sehet
sie sehen	sie sehen

Imperfect indicative	*Imperfect subjunctive*
ich sah	ich sähe
du sahst	du sähest
er sah	er sähe
wir sahen	wir sähen
ihr saht	ihr sähet
sie sahen	sie sähen

Perfect indicative	*Future indicative*
ich habe gesehen	ich werde sehen
du hast gesehen	du wirst sehen
er hat gesehen	er wird sehen
wir haben gesehen	wir werden sehen
ihr habt gesehen	ihr werdet sehen
sie haben gesehen	sie werden sehen

Pluperfect indicative	*Conditional*
ich hatte gesehen	ich würde sehen
du hattest gesehen	du würdest sehen
er hatte gesehen	er würde sehen
wir hatten gesehen	wir würden sehen
ihr hattet gesehen	ihr würdet sehen
sie hatten gesehen	sie würden sehen

Imperative sieh(e)! sehen wir! seht! sehen Sie!

sein *to be*

Present participle seiend
Past participle gewesen

Present indicative	*Present subjunctive*
ich bin	ich sei
du bist	du seist
er ist	er sei
wir sind	wir seien
ihr seid	ihr seiet
sie sind	sie seien
Imperfect indicative	*Imperfect subjunctive*
ich war	ich wäre
du warst	du wärest
er war	er wäre
wir waren	wir wären
ihr wart	ihr wäret
sie waren	sie wären
Perfect indicative	*Future indicative*
ich bin gewesen	ich werde sein
du bist gewesen	du wirst sein
er ist gewesen	er wird sein
wir sind gewesen	wir werden sein
ihr seid gewesen	ihr werdet sein
sie sind gewesen	sie werden sein
Pluperfect indicative	*Conditional*
ich war gewesen	ich würde sein
du warst gewesen	du würdest sein
er war gewesen	er würde sein
wir waren gewesen	wir würden sein
ihr wart gewesen	ihr würdet sein
sie waren gewesen	sie würden sein

Imperative sei! seien wir! seid! seien Sie!

senden *to send*

Present participle sendend
Past participle gesandt

Present indicative	*Present subjunctive*
ich sende	ich sende
du sendest	du sendest
er sendet	er sende
wir senden	wir senden
ihr sendet	ihr sendet
sie senden	sie senden
Imperfect indicative	*Imperfect subjunctive*
ich sandte	ich sendete
du sandtest	du sendetest
er sandte	er sendete
wir sandten	wir sendeten
ihr sandtet	ihr sendetet
sie sandten	sie sendeten
Perfect indicative	*Future indicative*
ich habe gesandt	ich werde senden
du hast gesandt	du wirst senden
er hat gesandt	er wird senden
wir haben gesandt	wir werden senden
ihr habt gesandt	ihr werdet senden
sie haben gesandt	sie werden senden
Pluperfect indicative	*Conditional*
ich hatte gesandt	ich würde senden
du hattest gesandt	du würdest senden
er hatte gesandt	er würde senden
wir hatten gesandt	wir würden senden
ihr hattet gesandt	ihr würdet senden
sie hatten gesandt	sie würden senden

Imperative send(e)! senden wir! sendet! senden Sie!

singen *to sing*

Present participle singend
Past participle gesungen

Present indicative
ich singe
du singst
er singt
wir singen
ihr singt
sie singen

Present subjunctive
ich singe
du singest
er singe
wir singen
ihr singet
sie singen

Imperfect indicative
ich sang
du sangst
er sang
wir sangen
ihr sangt
sie sangen

Imperfect subjunctive
ich sänge
du sängest
er sänge
wir sängen
ihr sänget
sie sängen

Perfect indicative
ich habe gesungen
du hast gesungen
er hat gesungen
wir haben gesungen
ihr habt gesungen
sie haben gesungen

Future indicative
ich werde singen
du wirst singen
er wird singen
wir werden singen
ihr werdet singen
sie werden singen

Pluperfect indicative
ich hatte gesungen
du hattest gesungen
er hatte gesungen
wir hatten gesungen
ihr hattet gesungen
sie hatten gesungen

Conditional
ich würde singen
du würdest singen
er würde singen
wir würden singen
ihr würdet singen
sie würden singen

Imperative sing(e)! singen wir! singt! singen Sie!

sinken *to sink*

Present participle sinkend
Past participle gesunken

Present indicative	*Present subjunctive*
ich sinke	ich sinke
du sinkst	du sinkest
er sinkt	er sinke
wir sinken	wir sinken
ihr sinkt	ihr sinket
sie sinken	sie sinken

Imperfect indicative	*Imperfect subjunctive*
ich sank	ich sänke
du sankst	du sänkest
er sank	er sänke
wir sanken	wir sänken
ihr sankt	ihr sänket
sie sanken	sie sänken

Perfect indicative	*Future indicative*
ich bin gesunken	ich werde sinken
du bist gesunken	du wirst sinken
er ist gesunken	er wird sinken
wir sind gesunken	wir werden sinken
ihr seid gesunken	ihr werdet sinken
sie sind gesunken	sie werden sinken

Pluperfect indicative	*Conditional*
ich war gesunken	ich würde sinken
du warst gesunken	du würdest sinken
er war gesunken	er würde sinken
wir waren gesunken	wir würden sinken
ihr wart gesunken	ihr würdet sinken
sie waren gesunken	sie würden sinken

Imperative sink(e)! sinken wir! sinkt! sinken Sie!

sinnen *to meditate*

Present participle sinnend
Past participle gesonnen

Present indicative	*Present subjunctive*
ich sinne	ich sinne
du sinnst	du sinnest
er sinnt	er sinne
wir sinnen	wir sinnen
ihr sinnt	ihr sinnet
sie sinnen	sie sinnen
Imperfect indicative	*Imperfect subjunctive*
ich sann	ich sänne
du sannst	du sännest
er sann	er sänne
wir sannen	wir sännen
ihr sannt	ihr sännet
sie sannen	sie sännen
Perfect indicative	*Future indicative*
ich habe gesonnen	ich werde gesinnen
du hast gesonnen	du wirst gesinnen
er hat gesonnen	er wird gesinnen
wir haben gesonnen	wir werden gesinnen
ihr habt gesonnen	ihr werdet gesinnen
sie haben gesonnen	sie werden gesinnen
Pluperfect indicative	*Conditional*
ich hatte gesonnen	ich würde gesinnen
du hattest gesonnen	du würdest gesinnen
er hatte gesonnen	er würde gesinnen
wir hatten gesonnen	wir würden gesinnen
ihr hattet gesonnen	ihr würdet gesinnen
sie hatten gesonnen	sie würden gesinnen

Imperative sinn(e)! sinnen wir! sinnt! sinnen Sie!

sitzen *to sit*

Present participle sitzend
Past participle gesessen

Present indicative	*Present subjunctive*
ich sitze	ich sitze
du sitzt	du sitzest
er sitzt	er sitze
wir sitzen	wir sitzen
ihr sitzt	ihr sitzet
sie sitzen	sie sitzen
Imperfect indicative	*Imperfect subjunctive*
ich saß	ich säße
du saßest	du säßest
er saß	er säße
wir saßen	wir säßen
ihr saßt	ihr säßet
sie saßen	sie säßen
Perfect indicative	*Future indicative*
ich habe gesessen	ich werde sitzen
du hast gesessen	du wirst sitzen
er hat gesessen	er wird sitzen
wir haben gesessen	wir werden sitzen
ihr habt gesessen	ihr werdet sitzen
sie haben gesessen	sie werden sitzen
Pluperfect indicative	*Conditional*
ich hatte gesessen	ich würde sitzen
du hattest gesessen	du würdest sitzen
er hatte gesessen	er würde sitzen
wir hatten gesessen	wir würden sitzen
ihr hattet gesessen	ihr würdet sitzen
sie hatten gesessen	sie würden sitzen

Imperative sitz(e)! sitzen wir! sitzt! sitzen Sie!

sollen *to be to*

Present participle sollend
Past participle gesollt/sollen*

Present indicative	*Present subjunctive*
ich soll	ich solle
du sollst	du sollest
er soll	er solle
wir sollen	wir sollen
ihr sollt	ihr sollet
sie sollen	sie sollen
Imperfect indicative	*Imperfect subjunctive*
ich sollte	ich sollte
du solltest	du solltest
er sollte	er sollte
wir sollten	wir sollten
ihr solltet	ihr solltet
sie sollten	sie sollten
Perfect indicative	*Future indicative*
ich habe gesollt	ich werde sollen
du hast gesollt	du wirst sollen
er hat gesollt	er wird sollen
wir haben gesollt	wir werden sollen
ihr habt gesollt	ihr werdet sollen
sie haben gesollt	sie werden sollen
Pluperfect indicative	*Conditional*
ich hatte gesollt	ich würde sollen
du hattest gesollt	du würdest sollen
er hatte gesollt	er würde sollen
wir hatten gesollt	wir würden sollen
ihr hattet gesollt	ihr würdet sollen
sie hatten gesollt	sie würden sollen

* sollen *is used when preceded by an infinitive*

speien *to spew*

Present participle speiend
Past participle gespie(e)n

Present indicative	*Present subjunctive*
ich speie	ich speie
du speist	du speiest
er speit	er speie
wir speien	wir speien
ihr speit	ihr speiet
sie speien	sie speien

Imperfect indicative	*Imperfect subjunctive*
ich spie	ich spiee
du spiest	du spieest
er spie	er spiee
wir spieen	wir spieen
ihr spiet	ihr spieet
sie spieen	sie spieen

Perfect indicative	*Future indicative*
ich habe gespie(e)n	ich werde speien
du hast gespie(e)n	du wirst speien
er hat gespie(e)n	er wird speien
wir haben gespie(e)n	wir werden speien
ihr habt gespie(e)n	ihr werdet speien
sie haben gespie(e)n	sie werden speien

Pluperfect indicative	*Conditional*
ich hatte gespie(e)n	ich würde speien
du hattest gespie(e)n	du würdest speien
er hatte gespie(e)n	er würde speien
wir hatten gespie(e)n	wir würden speien
ihr hattet gespie(e)n	ihr würdet speien
sie hatten gespie(e)n	sie würden speien

Imperative spei(e)! speien wir! speit! speien Sie!

spielen *to play*

Present participle spielend
Past participle gespielt

Present indicative	*Present subjunctive*
ich spiele	ich spiele
du spielst	du spielest
er spielt	er spiele
wir spielen	wir spielen
ihr spielt	ihr spielet
sie spielen	sie spielen
Imperfect indicative	*Imperfect subjunctive*
ich spielte	ich spielte
du spieltest	du spieltest
er spielte	er spielte
wir spielten	wir spielten
ihr spieltet	ihr spieltet
sie spielten	sie spielten
Perfect indicative	*Future indicative*
ich habe gespielt	ich werde spielen
du hast gespielt	du wirst spielen
er hat gespielt	er wird spielen
wir haben gespielt	wir werden spielen
ihr habt gespielt	ihr werdet spielen
sie haben gespielt	sie werden spielen
Pluperfect indicative	*Conditional*
ich hatte gespielt	ich würde spielen
du hattest gespielt	du würdest spielen
er hatte gespielt	er würde spielen
wir hatten gespielt	wir würden spielen
ihr hattet gespielt	ihr würdet spielen
sie hatten gespielt	sie würden spielen

Imperative spiel(e)! spielen wir! spielt! spielen Sie!

spinnen *to spin*

Present participle spinnend
Past participle gesponnen

Present indicative	*Present subjunctive*
ich spinne	ich spinne
du spinnst	du spinnest
er spinnt	er spinne
wir spinnen	wir spinnen
ihr spinnt	ihr spinnet
sie spinnen	sie spinnen

Imperfect indicative	*Imperfect subjunctive*
ich spann	ich spönne
du spannst	du spönnest
er spann	er spönne
wir spannen	wir spönnen
ihr spannt	ihr spönnet
sie spannen	sie spönnen

Perfect indicative	*Future indicative*
ich habe gesponnen	ich werde gespinnen
du hast gesponnen	du wirst gespinnen
er hat gesponnen	er wird gespinnen
wir haben gesponnen	wir werden gespinnen
ihr habt gesponnen	ihr werdet gespinnen
sie haben gesponnen	sie werden gespinnen

Pluperfect indicative	*Conditional*
ich hatte gesponnen	ich würde gespinnen
du hattest gesponnen	du würdest gespinnen
er hatte gesponnen	er würde gespinnen
wir hatten gesponnen	wir würden gespinnen
ihr hattet gesponnen	ihr würdet gespinnen
sie hatten gesponnen	sie würden gespinnen

Imperative spinn(e)! spinnen wir! spinnt! spinnen Sie!

sprechen *to speak*

Present participle sprechend
Past participle gesprochen

Present indicative	*Present subjunctive*
ich spreche	ich spreche
du sprichst	du sprechest
er spricht	er spreche
wir sprechen	wir sprechen
ihr sprecht	ihr sprechet
sie sprechen	sie sprechen

Imperfect indicative	*Imperfect subjunctive*
ich sprach	ich spräche
du sprachst	du sprächest
er sprach	er spräche
wir sprachen	wir sprächen
ihr spracht	ihr sprächet
sie sprachen	sie sprächen

Perfect indicative	*Future indicative*
ich habe gesprochen	ich werde sprechen
du hast gesprochen	du wirst sprechen
er hat gesprochen	er wird sprechen
wir haben gesprochen	wir werden sprechen
ihr habt gesprochen	ihr werdet sprechen
sie haben gesprochen	sie werden sprechen

Pluperfect indicative	*Conditional*
ich hatte gesprochen	ich würde sprechen
du hattest gesprochen	du würdest sprechen
er hatte gesprochen	er würde sprechen
wir hatten gesprochen	wir würden sprechen
ihr hattet gesprochen	ihr würdet sprechen
sie hatten gesprochen	sie würden sprechen

Imperative sprich! sprechen wir! sprecht! sprechen Sie!

sprießen *to sprout*

Present participle sprießend
Past participle gesprossen

Present indicative	*Present subjunctive*
ich sprieße	ich sprieße
du sprießt	du sprießest
er sprießt	er sprieße
wir sprießen	wir sprießen
ihr sprießt	ihr sprießet
sie sprießen	sie sprießen

Imperfect indicative	*Imperfect subjunctive*
ich sproß	ich sprösse
du sprossest	du sprössest
er sproß	er sprösse
wir sproßen	wir sprössen
ihr sproßt	ihr sprösset
sie sproßen	sie sprössen

Perfect indicative	*Future indicative*
ich bin gesprossen	ich werde sprießen
du bist gesprossen	du wirst sprießen
er ist gesprossen	er wird sprießen
wir sind gesprossen	wir werden sprießen
ihr seid gesprossen	ihr werdet sprießen
sie sind gesprossen	sie werden sprießen

Pluperfect indicative	*Conditional*
ich war gesprossen	ich würde sprießen
du warst gesprossen	du würdest sprießen
er war gesprossen	er würde sprießen
wir waren gesprossen	wir würden sprießen
ihr wart gesprossen	ihr würdet sprießen
sie waren gesprossen	sie würden sprießen

Imperative sprieß(e)! sprießen wir! sprießt! sprießen Sie!

springen *to jump*

Present participle springend
Past participle gesprungen

Present indicative	*Present subjunctive*
ich springe	ich springe
du springst	du springest
er springt	er springe
wir springen	wir springen
ihr springt	ihr springet
sie springen	sie springen
Imperfect indicative	*Imperfect subjunctive*
ich sprang	ich spränge
du sprangst	du sprängest
er sprang	er spränge
wir sprangen	wir sprängen
ihr sprangt	ihr spränget
sie sprangen	sie sprängen
Perfect indicative	*Future indicative*
ich bin gesprungen	ich werde springen
du bist gesprungen	du wirst springen
er ist gesprungen	er wird springen
wir sind gesprungen	wir werden springen
ihr seid gesprungen	ihr werdet springen
sie sind gesprungen	sie werden springen
Pluperfect indicative	*Conditional*
ich war gesprungen	ich würde springen
du warst gesprungen	du würdest springen
er war gesprungen	er würde springen
wir waren gesprungen	wir würden springen
ihr wart gesprungen	ihr würdet springen
sie waren gesprungen	sie würden springen

Imperative spring(e)! springen wir! springt! springen Sie!

stechen *to sting, prick*

Present participle stechend
Past participle gestochen

Present indicative	*Present subjunctive*
ich steche	ich steche
du stichst	du stechest
er sticht	er steche
wir stechen	wir stechen
ihr stecht	ihr stechet
sie stechen	sie stechen

Imperfect indicative	*Imperfect subjunctive*
ich stach	ich stäche
du stachst	du stächest
er stach	er stäche
wir stachen	wir stächen
ihr stacht	ihr stächet
sie stachen	sie stächen

Perfect indicative	*Future indicative*
ich habe gestochen	ich werde stechen
du hast gestochen	du wirst stechen
er hat gestochen	er wird stechen
wir haben gestochen	wir werden stechen
ihr habt gestochen	ihr werdet stechen
sie haben gestochen	sie werden stechen

Pluperfect indicative	*Conditional*
ich hatte gestochen	ich würde stechen
du hattest gestochen	du würdest stechen
er hatte gestochen	er würde stechen
wir hatten gestochen	wir würden stechen
ihr hattet gestochen	ihr würdet stechen
sie hatten gestochen	sie würden stechen

Imperative stich! stechen wir! stecht! stechen Sie!

stehen *to stand*

Present participle stehend
Past participle gestanden

Present indicative	*Present subjunctive*
ich stehe	ich stehe
du stehst	du stehest
er steht	er stehe
wir stehen	wir stehen
ihr steht	ihr stehet
sie stehen	sie stehen

Imperfect indicative	*Imperfect subjunctive*
ich stand	ich stünde
du stand(e)st	du stündest
er stand	er stünde
wir standen	wir stünden
ihr standet	ihr stündet
sie standen	sie stünden

Perfect indicative	*Future indicative*
ich habe gestanden	ich werde stehen
du hast gestanden	du wirst stehen
er hat gestanden	er wird stehen
wir haben gestanden	wir werden stehen
ihr habt gestanden	ihr werdet stehen
sie haben gestanden	sie werden stehen

Pluperfect indicative	*Conditional*
ich hatte gestanden	ich würde stehen
du hattest gestanden	du würdest stehen
er hatte gestanden	er würde stehen
wir hatten gestanden	wir würden stehen
ihr hattet gestanden	ihr würdet stehen
sie hatten gestanden	sie würden stehen

Imperative steh(e)! stehen wir! steht! stehen Sie!

stehlen *to steal*

Present participle stehlend
Past participle gestohlen

Present indicative	*Present subjunctive*
ich stehle	ich stehle
du stiehlst	du stehlest
er stiehlt	er stehle
wir stehlen	wir stehlen
ihr stehlt	ihr stehlet
sie stehlen	sie stehlen

Imperfect indicative	*Imperfect subjunctive*
ich stahl	ich stähle
du stahlst	du stählest
er stahl	er stähle
wir stahlen	wir stählen
ihr stahlt	ihr stählet
sie stahlen	sie stählen

Perfect indicative	*Future indicative*
ich habe gestohlen	ich werde stehlen
du hast gestohlen	du wirst stehlen
er hat gestohlen	er wird stehlen
wir haben gestohlen	wir werden stehlen
ihr habt gestohlen	ihr werdet stehlen
sie haben gestohlen	sie werden stehlen

Pluperfect indicative	*Conditional*
ich hatte gestohlen	ich würde stehlen
du hattest gestohlen	du würdest stehlen
er hatte gestohlen	er würde stehlen
wir hatten gestohlen	wir würden stehlen
ihr hattet gestohlen	ihr würdet stehlen
sie hatten gestohlen	sie würden stehlen

Imperative stiehl! stehlen wir! stehlt! stehlen Sie!

steigen *to climb*

Present participle steigend
Past participle gestiegen

Present indicative	*Present subjunctive*
ich steige	ich steige
du steigst	du steigest
er steigt	er steige
wir steigen	wir steigen
ihr steigt	ihr steiget
sie steigen	sie steigen
Imperfect indicative	*Imperfect subjunctive*
ich stieg	ich stiege
du stiegst	du stiegest
er stieg	er stiege
wir stiegen	wir stiegen
ihr stiegt	ihr stieget
sie stiegen	sie stiegen
Perfect indicative	*Future indicative*
ich bin gestiegen	ich werde steigen
du bist gestiegen	du wirst steigen
er ist gestiegen	er wird steigen
wir sind gestiegen	wir werden steigen
ihr seid gestiegen	ihr werdet steigen
sie sind gestiegen	sie werden steigen
Pluperfect indicative	*Conditional*
ich war gestiegen	ich würde steigen
du warst gestiegen	du würdest steigen
er war gestiegen	er würde steigen
wir waren gestiegen	wir würden steigen
ihr wart gestiegen	ihr würdet steigen
sie waren gestiegen	sie würden steigen

Imperative steig(e)! steigen wir! steigt! steigen Sie!

sterben *to die*

Present participle sterbend
Past participle gestorben

Present indicative	*Present subjunctive*
ich sterbe	ich sterbe
du stirbst	du sterbest
er stirbt	er sterbe
wir sterben	wir sterben
ihr sterbt	ihr sterbet
sie sterben	sie sterben

Imperfect indicative	*Imperfect subjunctive*
ich starb	ich stürbe
du starbst	du stürbest
er starb	er stürbe
wir starben	wir stürben
ihr starbt	ihr stürbet
sie starben	sie stürben

Perfect indicative	*Future indicative*
ich bin gestorben	ich werde sterben
du bist gestorben	du wirst sterben
er ist gestorben	er wird sterben
wir sind gestorben	wir werden sterben
ihr seid gestorben	ihr werdet sterben
sie sind gestorben	sie werden sterben

Pluperfect indicative	*Conditional*
ich war gestorben	ich würde sterben
du warst gestorben	du würdest sterben
er war gestorben	er würde sterben
wir waren gestorben	wir würden sterben
ihr wart gestorben	ihr würdet sterben
sie waren gestorben	sie würden sterben

Imperative stirb! sterben wir! sterbt! sterben Sie!

stinken *to stink*

Present participle stinkend
Past participle gestunken

Present indicative	*Present subjunctive*
ich stinke	ich stinke
du stinkst	du stinkest
er stinkt	er stinke
wir stinken	wir stinken
ihr stinkt	ihr stinket
sie stinken	sie stinken

Imperfect indicative	*Imperfect subjunctive*
ich stank	ich stänke
du stankst	du stänkest
er stank	er stänke
wir stanken	wir stänken
ihr stankt	ihr stänket
sie stanken	sie stänken

Perfect indicative	*Future indicative*
ich habe gestunken	ich werde stinken
du hast gestunken	du wirst stinken
er hat gestunken	er wird stinken
wir haben gestunken	wir werden stinken
ihr habt gestunken	ihr werdet stinken
sie haben gestunken	sie werden stinken

Pluperfect indicative	*Conditional*
ich hatte gestunken	ich würde stinken
du hattest gestunken	du würdest stinken
er hatte gestunken	er würde stinken
wir hatten gestunken	wir würden stinken
ihr hattet gestunken	ihr würdet stinken
sie hatten gestunken	sie würden stinken

Imperative stink(e)! stinken wir! stinkt! stinken Sie!

stoßen *to push*

Present participle stoßend
Past participle gestoßen

Present indicative	*Present subjunctive*
ich stoße	ich stoße
du stößt	du stoßest
er stößt	er stoße
wir stoßen	wir stoßen
ihr stoßt	ihr stoßet
sie stoßen	sie stoßen

Imperfect indicative	*Imperfect subjunctive*
ich stieß	ich stieße
du stießest	du stießest
er stieß	er stieße
wir stießen	wir stießen
ihr stießt	ihr stießet
sie stießen	sie stießen

Perfect indicative	*Future indicative*
ich habe gestoßen	ich werde stoßen
du hast gestoßen	du wirst stoßen
er hat gestoßen	er wird stoßen
wir haben gestoßen	wir werden stoßen
ihr habt gestoßen	ihr werdet stoßen
sie haben gestoßen	sie werden stoßen

Pluperfect indicative	*Conditional*
ich hatte gestoßen	ich würde stoßen
du hattest gestoßen	du würdest stoßen
er hatte gestoßen	er würde stoßen
wir hatten gestoßen	wir würden stoßen
ihr hattet gestoßen	ihr würdet stoßen
sie hatten gestoßen	sie würden stoßen

Imperative stoß(e)! stoßen wir! stoßt! stoßen Sie!

streichen *to stroke*

Present participle streichend
Past participle gestrichen

Present indicative	*Present subjunctive*
ich streiche	ich streiche
du streichst	du streichest
er streicht	er streiche
wir streichen	wir streichen
ihr streicht	ihr streichet
sie streichen	sie streichen

Imperfect indicative	*Imperfect subjunctive*
ich strich	ich striche
du strichst	du strichest
er strich	er striche
wir strichen	wir strichen
ihr stricht	ihr strichet
sie strichen	sie strichen

Perfect indicative	*Future indicative*
ich habe gestrichen	ich werde streichen
du hast gestrichen	du wirst streichen
er hat gestrichen	er wird streichen
wir haben gestrichen	wir werden streichen
ihr habt gestrichen	ihr werdet streichen
sie haben gestrichen	sie werden streichen

Pluperfect indicative	*Conditional*
ich hatte gestrichen	ich würde streichen
du hattest gestrichen	du würdest streichen
er hatte gestrichen	er würde streichen
wir hatten gestrichen	wir würden streichen
ihr hattet gestrichen	ihr würdet streichen
sie hatten gestrichen	sie würden streichen

Imperative streich(e)! streichen wir! streicht! streichen Sie!

streiten *to quarrel*

Present participle streitend
Past participle gestritten

Present indicative	*Present subjunctive*
ich streite	ich streite
du streitest	du streitest
er streitet	er streite
wir streiten	wir streiten
ihr streitet	ihr streitet
sie streiten	sie streiten

Imperfect indicative	*Imperfect subjunctive*
ich stritt	ich stritte
du stritt(e)st	du strittest
er stritt	er stritte
wir stritten	wir stritten
ihr strittet	ihr strittet
sie stritten	sie stritten

Perfect indicative	*Future indicative*
ich habe gestritten	ich werde streiten
du hast gestritten	du wirst streiten
er hat gestritten	er wird streiten
wir haben gestritten	wir werden streiten
ihr habt gestritten	ihr werdet streiten
sie haben gestritten	sie werden streiten

Pluperfect indicative	*Conditional*
ich hatte gestritten	ich würde streiten
du hattest gestritten	du würdest streiten
er hatte gestritten	er würde streiten
wir hatten gestritten	wir würden streiten
ihr hattet gestritten	ihr würdet streiten
sie hatten gestritten	sie würden streiten

Imperative streit(e)! streiten wir! streitet! streiten Sie!

studieren *to study*

Present participle studierend
Past participle studiert

Present indicative
ich studiere
du studierst
er studiert
wir studieren
ihr studiert
sie studieren

Present subjunctive
ich studiere
du studierest
er studiere
wir studieren
ihr studieret
sie studieren

Imperfect indicative
ich studierte
du studiertest
er studierte
wir studierten
ihr studiertet
sie studierten

Imperfect subjunctive
ich studierte
du studiertest
er studierte
wir studierten
ihr studiertet
sie studierten

Perfect indicative
ich habe studiert
du hast studiert
er hat studiert
wir haben studiert
ihr habt studiert
sie haben studiert

Future indicative
ich werde studieren
du wirst studieren
er wird studieren
wir werden studieren
ihr werdet studieren
sie werden studieren

Pluperfect indicative
ich hatte studiert
du hattest studiert
er hatte studiert
wir hatten studiert
ihr hattet studiert
sie hatten studiert

Conditional
ich würde studieren
du würdest studieren
er würde studieren
wir würden studieren
ihr würdet studieren
sie würden studieren

Imperative studiere! studieren wir! studiert! studieren Sie!

tragen *to wear; to carry*

Present participle tragend
Past participle getragen

Present indicative	*Present subjunctive*
ich trage	ich trage
du trägst	du tragest
er trägt	er trage
wir tragen	wir tragen
ihr tragt	ihr traget
sie tragen	sie tragen
Imperfect indicative	*Imperfect subjunctive*
ich trug	ich trüge
du trugst	du trügest
er trug	er trüge
wir trugen	wir trügen
ihr trugt	ihr trüget
sie trugen	sie trügen
Perfect indicative	*Future indicative*
ich habe getragen	ich werde tragen
du hast getragen	du wirst tragen
er hat getragen	er wird tragen
wir haben getragen	wir werden tragen
ihr habt getragen	ihr werdet tragen
sie haben getragen	sie werden tragen
Pluperfect indicative	*Conditional*
ich hatte getragen	ich würde tragen
du hattest getragen	du würdest tragen
er hatte getragen	er würde tragen
wir hatten getragen	wir würden tragen
ihr hattet getragen	ihr würdet tragen
sie hatten getragen	sie würden tragen

Imperative trag(e)! tragen wir! tragt! tragen Sie!

treffen *to meet*

Present participle treffend
Past participle getroffen

Present indicative	*Present subjunctive*
ich treffe	ich treffe
du triffst	du treffest
er trifft	er treffe
wir treffen	wir treffen
ihr trefft	ihr treffet
sie treffen	sie treffen

Imperfect indicative	*Imperfect subjunctive*
ich traf	ich träfe
du trafst	du träfest
er traf	er träfe
wir trafen	wir träfen
ihr traft	ihr träfet
sie trafen	sie träfen

Perfect indicative	*Future indicative*
ich habe getroffen	ich werde treffen
du hast getroffen	du wirst treffen
er hat getroffen	er wird treffen
wir haben getroffen	wir werden treffen
ihr habt getroffen	ihr werdet treffen
sie haben getroffen	sie werden treffen

Pluperfect indicative	*Conditional*
ich hatte getroffen	ich würde treffen
du hattest getroffen	du würdest treffen
er hatte getroffen	er würde treffen
wir hatten getroffen	wir würden treffen
ihr hattet getroffen	ihr würdet treffen
sie hatten getroffen	sie würden treffen

Imperative triff! treffen wir! trefft! treffen Sie!

treiben *to drive*

Present participle treibend
Past participle getrieben

Present indicative	*Present subjunctive*
ich treibe	ich treibe
du treibst	du treibest
er treibt	er treibe
wir treiben	wir treiben
ihr treibt	ihr treibet
sie treiben	sie treiben

Imperfect indicative	*Imperfect subjunctive*
ich trieb	ich triebe
du triebst	du triebest
er trieb	er triebe
wir trieben	wir trieben
ihr triebt	ihr triebet
sie trieben	sie trieben

Perfect indicative	*Future indicative*
ich habe getrieben	ich werde treiben
du hast getrieben	du wirst treiben
er hat getrieben	er wird treiben
wir haben getrieben	wir werden treiben
ihr habt getrieben	ihr werdet treiben
sie haben getrieben	sie werden treiben

Pluperfect indicative	*Conditional*
ich hatte getrieben	ich würde treiben
du hattest getrieben	du würdest treiben
er hatte getrieben	er würde treiben
wir hatten getrieben	wir würden treiben
ihr hattet getrieben	ihr würdet treiben
sie hatten getrieben	sie würden treiben

Imperative treib(e)! treiben wir! treibt! treiben Sie!

treten *to step*

Present participle tretend
Past participle getreten

Present indicative	*Present subjunctive*
ich trete	ich trete
du trittst	du tretest
er tritt	er trete
wir treten	wir treten
ihr tretet	ihr tretet
sie treten	sie treten

Imperfect indicative	*Imperfect subjunctive*
ich trat	ich träte
du trat(e)st	du trätest
er trat	er träte
wir traten	wir träten
ihr tratet	ihr trätet
sie traten	sie träten

Perfect indicative	*Future indicative*
ich bin/habe getreten	ich werde treten
du bist/hast getreten	du wirst treten
er ist/hat getreten	er wird treten
wir sind/haben getreten	wir werden treten
ihr seid/habt getreten	ihr werdet treten
sie sind/haben getreten	sie werden treten

Pluperfect indicative	*Conditional*
ich war/hatte getreten	ich würde treten
du warst/hattest getreten	du würdest treten
er war/hatte getreten	er würde treten
wir waren/hatten getreten	wir würden treten
ihr wart/hattet getreten	ihr würdet treten
sie waren/hatten getreten	sie würden treten

Imperative tritt(e)! treten wir! tretet! treten Sie!

trinken *to drink*

Present participle trinkend
Past participle getrunken

Present indicative
ich trinke
du trinkst
er trinkt
wir trinken
ihr trinkt
sie trinken

Present subjunctive
ich trinke
du trinkest
er trinke
wir trinken
ihr trinket
sie trinken

Imperfect indicative
ich trank
du trankst
er trank
wir tranken
ihr trankt
sie tranken

Imperfect subjunctive
ich tränke
du tränkest
er tränke
wir tränken
ihr tränket
sie tränken

Perfect indicative
ich habe getrunken
du hast getrunken
er hat getrunken
wir haben getrunken
ihr habt getrunken
sie haben getrunken

Future indicative
ich werde trinken
du wirst trinken
er wird trinken
wir werden trinken
ihr werdet trinken
sie werden trinken

Pluperfect indicative
ich hatte getrunken
du hattest getrunken
er hatte getrunken
wir hatten getrunken
ihr hattet getrunken
sie hatten getrunken

Conditional
ich würde trinken
du würdest trinken
er würde trinken
wir würden trinken
ihr würdet trinken
sie würden trinken

Imperative trink(e)! trinken wir! trinkt! trinken Sie!

trügen *to deceive*

Present participle trügend
Past participle getrogen

Present indicative	*Present subjunctive*
ich trüge	ich trüge
du trügst	du trügest
er trügt	er trüge
wir trügen	wir trügen
ihr trügt	ihr trüget
sie trügen	sie trügen

Imperfect indicative	*Imperfect subjunctive*
ich trog	ich tröge
du trogst	du trögest
er trog	er tröge
wir trogen	wir trögen
ihr trogt	ihr tröget
sie trogen	sie trögen

Perfect indicative	*Future indicative*
ich habe getrogen	ich werde trügen
du hast getrogen	du wirst trügen
er hat getrogen	er wird trügen
wir haben getrogen	wir werden trügen
ihr habt getrogen	ihr werdet trügen
sie haben getrogen	sie werden trügen

Pluperfect indicative	*Conditional*
ich hatte getrogen	ich würde trügen
du hattest getrogen	du würdest trügen
er hatte getrogen	er würde trügen
wir hatten getrogen	wir würden trügen
ihr hattet getrogen	ihr würdet trügen
sie hatten getrogen	sie würden trügen

Imperative trüg(e)! trügen wir! trügt! trügen Sie!

tun *to do*

Present participle tuend
Past participle getan

Present indicative	*Present subjunctive*
ich tue	ich tue
du tust	du tuest
er tut	er tue
wir tun	wir tuen
ihr tut	ihr tuet
sie tun	sie tuen

Imperfect indicative	*Imperfect subjunctive*
ich tat	ich täte
du tat(e)st	du tätest
er tat	er täte
wir taten	wir täten
ihr tatet	ihr tätet
sie taten	sie täten

Perfect indicative	*Future indicative*
ich habe getan	ich werde tun
du hast getan	du wirst tun
er hat getan	er wird tun
wir haben getan	wir werden tun
ihr habt getan	ihr werdet tun
sie haben getan	sie werden tun

Pluperfect indicative	*Conditional*
ich hatte getan	ich würde tun
du hattest getan	du würdest tun
er hatte getan	er würde tun
wir hatten getan	wir würden tun
ihr hattet getan	ihr würdet tun
sie hatten getan	sie würden tun

Imperative tu(e)! tun wir! tut! tun Sie!

verderben *to spoil*

Present participle verderbend
Past participle verdorben

Present indicative
ich verderbe
du verdirbst
er verdirbt
wir verderben
ihr verderbt
sie verderben

Present subjunctive
ich verderbe
du verderbest
er verderbe
wir verderben
ihr verderbet
sie verderben

Imperfect indicative
ich verdarb
du verdarbst
er verdarb
wir verdarben
ihr verdarbt
sie verdarben

Imperfect subjunctive
ich verdürbe
du verdürbest
er verdürbe
wir verdürben
ihr verdürbet
sie verdürben

Perfect indicative
ich bin/habe verdorben
du bist/hast verdorben
er ist/hat verdorben
wir sind/haben verdorben
ihr seid/habt verdorben
sie sind/haben verdorben

Future indicative
ich werde verderben
du wirst verderben
er wird verderben
wir werden verderben
ihr werdet verderben
sie werden verderben

Pluperfect indicative
ich war/hatte verdorben
du warst/hattest verdorben
er war/hatte verdorben
wir waren/hatten verdorben
ihr wart/hattet verdorben
sie waren/hatten verdorben

Conditional
ich würde verderben
du würdest verderben
er würde verderben
wir würden verderben
ihr würdet verderben
sie würden verderben

Imperative verdirb! verderben wir! verderbt! verderben
Sie!

verdrießen *to vex*

Present participle verdrießend
Past participle verdrießen

Present indicative	*Present subjunctive*
ich verdrieße	ich verdrieße
du verdrießt	du verdrießest
er verdrießt	er verdrieße
wir verdrießen	wir verdrießen
ihr verdrießt	ihr verdrießet
sie verdrießen	sie verdrießen

Imperfect indicative	*Imperfect subjunctive*
ich verdroß	ich verdrösse
du verdrossest	du verdrössest
er verdroß	er verdrösse
wir verdrossen	wir verdrössen
ihr verdroßt	ihr verdrösset
sie verdrossen	sie verdrössen

Perfect indicative	*Future indicative*
ich habe verdrossen	ich werde verdrießen
du hast verdrossen	du wirst verdrießen
er hat verdrossen	er wird verdrießen
wir haben verdrossen	wir werden verdrießen
ihr habt verdrossen	ihr werdet verdrießen
sie haben verdrossen	sie werden verdrießen

Pluperfect indicative	*Conditional*
ich hatte verdrossen	ich würde verdrießen
du hattest verdrossen	du würdest verdrießen
er hatte verdrossen	er würde verdrießen
wir hatten verdrossen	wir würden verdrießen
ihr hattet verdrossen	ihr würdet verdrießen
sie hatten verdrossen	sie würden verdrießen

Imperative verdrieß! verdrießen wir! verdrießt! verdrießen Sie!

vergessen *to forget*

Present participle vergessend
Past participle vergessen

Present indicative	*Present subjunctive*
ich vergesse	ich vergesse
du vergißt	du vergessest
er vergißt	er vergesse
wir vergessen	wir vergvergessen
ihr vergeßt	ihr vergesset
sie vergessen	sie vergvergessen
Imperfect indicative	*Imperfect subjunctive*
ich vergaß	ich vergäße
du vergaßest	du vergäßest
er vergaß	er vergäße
wir vergaßen	wir vergäßen
ihr vergaßt	ihr vergäßet
sie vergaßen	sie vergäßen
Perfect indicative	*Future indicative*
ich habe vergessen	ich werde vergessen
du hast vergessen	du wirst vergessen
er hat vergessen	er wird vergessen
wir haben vergessen	wir werden vergessen
ihr habt vergessen	ihr werdet vergessen
sie haben vergessen	sie werden vergessen
Pluperfect indicative	*Conditional*
ich hatte vergessen	ich würde vergessen
du hattest vergessen	du würdest vergessen
er hatte vergessen	er würde vergessen
wir hatten vergessen	wir würden vergessen
ihr hattet vergessen	ihr würdet vergessen
sie hatten vergessen	sie würden vergessen

Imperative vergiß! vergessen wir! vergeßt! vergessen Sie!

verlieren *to lose*

Present participle verlierend
Past participle verloren

Present indicative	*Present subjunctive*
ich verliere	ich verliere
du verlierst	du verlierest
er verliert	er verliere
wir verlieren	wir verlieren
ihr verliert	ihr verlieret
sie verlieren	sie verlieren

Imperfect indicative	*Imperfect subjunctive*
ich verlor	ich verlöre
du verlorst	du verlörest
er verlor	er verlöre
wir verloren	wir verlören
ihr verlort	ihr verlöret
sie verloren	sie verlören

Perfect indicative	*Future indicative*
ich habe verloren	ich werde verlieren
du hast verloren	du wirst verlieren
er hat verloren	er wird verlieren
wir haben verloren	wir werden verlieren
ihr habt verloren	ihr werdet verlieren
sie haben verloren	sie werden verlieren

Pluperfect indicative	*Conditional*
ich hatte verloren	ich würde verlieren
du hattest verloren	du würdest verlieren
er hatte verloren	er würde verlieren
wir hatten verloren	wir würden verlieren
ihr hattet verloren	ihr würdet verlieren
sie hatten verloren	sie würden verlieren

Imperative verlier(e)! verlieren wir! verliert! verlieren Sie!

verschwinden *to disappear*

Present participle verschwindend
Past participle verschwunden

Present indicative	*Present subjunctive*
ich verschwinde	ich verschwinde
du verschwindest	du verschwindest
er verschwindet	er verschwinde
wir verschwinden	wir verschwinden
ihr verschwindet	ihr verschwindet
sie verschwinden	sie verschwinden

Imperfect indicative	*Imperfect subjunctive*
ich verschwand	ich verschwände
du verschwand(e)st	du verschwändest
er verschwand	er verschwände
wir verschwanden	wir verschwänden
ihr verschwandet	ihr verschwändet
sie verschwanden	sie verschwänden

Perfect indicative	*Future indicative*
ich bin verschwunden	ich werde verschwinden
du bist verschwunden	du wirst verschwinden
er ist verschwunden	er wird verschwinden
wir sind verschwunden	wir werden verschwinden
ihr seid verschwunden	ihr werdet verschwinden
sie sind verschwunden	sie werden verschwinden

Pluperfect indicative	*Conditional*
ich war verschwunden	ich würde verschwinden
du warst verschwunden	du würdest verschwinden
er war verschwunden	er würde verschwinden
wir waren verschwunden	wir würden verschwinden
ihr wart verschwunden	ihr würdet verschwinden
sie waren verschwunden	sie würden verschwinden

Imperative verschwind(e)! verschwinden wir! verschwindet!
verschwinden Sie!

verzeihen *to excuse, pardon*

Present participle verzeihend
Past participle verziehen

Present indicative	*Present subjunctive*
ich verzeihe	ich verzeihe
du verzeihst	du verzeihest
er verzeiht	er verzeihe
wir verzeihen	wir verzeihen
ihr verzeiht	ihr verzeihet
sie verzeihen	sie verzeihen
Imperfect indicative	*Imperfect subjunctive*
ich verzieh	ich verziehe
du verziehst	du verziehest
er verzieh	er verziehe
wir verziehen	wir verziehen
ihr verzieht	ihr verziehet
sie verziehen	sie verziehen
Perfect indicative	*Future indicative*
ich habe verziehen	ich werde verziehen
du hast verziehen	du wirst verziehen
er hat verziehen	er wird verziehen
wir haben verziehen	wir werden verziehen
ihr habt verziehen	ihr werdet verziehen
sie haben verziehen	sie werden verziehen
Pluperfect indicative	*Conditional*
ich hatte verziehen	ich würde verziehen
du hattest verziehen	du würdest verziehen
er hatte verziehen	er würde verziehen
wir hatten verziehen	wir würden verziehen
ihr hattet verziehen	ihr würdet verziehen
sie hatten verziehen	sie würden verziehen

Imperative verzeih(e)! verzeihen wir! verzeiht! verzeihen Sie!

wachsen *to grow*

Present participle wachsend
Past participle gewachsen

Present indicative
ich wachse
du wächst
er wächs
wir wachsen
ihr wachst
sie wachsen

Present subjunctive
ich wachse
du wachsest
er wachse
wir wachsen
ihr wachset
sie wachsen

Imperfect indicative
ich wuchs
du wuchsest
er wuchs
wir wuchsen
ihr wuchset
sie wuchsen

Imperfect subjunctive
ich wüchse
du wüchsest
er wüchse
wir wüchsen
ihr wüchset
sie wüchsen

Perfect indicative
ich habe gewachsen
du hast gewachsen
er hat gewachsen
wir haben gewachsen
ihr habt gewachsen
sie haben gewachsen

Future indicative
ich werde wachsen
du wirst wachsen
er wird wachsen
wir werden wachsen
ihr werdet wachsen
sie werden wachsen

Pluperfect indicative
ich hatte gewachsen
du hattest gewachsen
er hatte gewachsen
wir hatten gewachsen
ihr hattet gewachsen
sie hatten gewachsen

Conditional
ich würde wachsen
du würdest wachsen
er würde wachsen
wir würden wachsen
ihr würdet wachsen
sie würden wachsen

Imperative wachs(e)! wachsen wir! wachst! wachsen Sie!

wägen *to ponder*

Present participle wägend
Past participle gewogen

Present indicative
ich wäge
du wägst
er wägt
wir wägen
ihr wägt
sie wägen

Present subjunctive
ich wäge
du wägest
er wäge
wir wägen
ihr wäget
sie wägen

Imperfect indicative
ich wog
du wogst
er wog
wir wogen
ihr wogt
sie wogen

Imperfect subjunctive
ich wöge
du wögest
er wöge
wir wögen
ihr wöget
sie wögen

Perfect indicative
ich habe gewogen
du hast gewogen
er hat gewogen
wir haben gewogen
ihr habt gewogen
sie haben gewogen

Future indicative
ich werde wägen
du wirst wägen
er wird wägen
wir werden wägen
ihr werdet wägen
sie werden wägen

Pluperfect indicative
ich hatte gewogen
du hattest gewogen
er hatte gewogen
wir hatten gewogen
ihr hattet gewogen
sie hatten gewogen

Conditional
ich würde wägen
du würdest wägen
er würde wägen
wir würden wägen
ihr würdet wägen
sie würden wägen

Imperative wäg(e)! wägen wir! wägt! wägen Sie!

wandern *to roam*

Present participle wandernd
Past participle gewandert

Present indicative	*Present subjunctive*
ich wand(e)re	ich wand(e)re
du wanderst	du wandrest
er wandert	er wand(e)re
wir wandern	wir wandern
ihr wandert	ihr wandert
sie wandern	sie wandern

Imperfect indicative	*Imperfect subjunctive*
ich wanderte	ich wanderte
du wandertest	du wandertest
er wanderte	er wanderte
wir wanderten	wir wanderten
ihr wandertet	ihr wandertet
sie wanderten	sie wanderten

Perfect indicative	*Future indicative*
ich habe gewandert	ich werde wandern
du hast gewandert	du wirst wandern
er hat gewandert	er wird wandern
wir haben gewandert	wir werden wandern
ihr habt gewandert	ihr werdet wandern
sie haben gewandert	sie werden wandern

Pluperfect indicative	*Conditional*
ich hatte gewandert	ich würde wandern
du hattest gewandert	du würdest wandern
er hatte gewandert	er würde wandern
wir hatten gewandert	wir würden wandern
ihr hattet gewandert	ihr würdet wandern
sie hatten gewandert	sie würden wandern

Imperative wandre! wandern wir! wandert! wandern Sie!

waschen *to wash*

Present participle waschend
Past participle gewaschen

Present indicative	*Present subjunctive*
ich wasche	ich wasche
du wäschst	du waschest
er wäsch	er wasche
wir waschen	wir waschen
ihr wascht	ihr waschet
sie waschen	sie waschen

Imperfect indicative	*Imperfect subjunctive*
ich wusch	ich wüsche
du wuschest	du wüschest
er wusch	er wüsche
wir wuschen	wir wüschen
ihr wuschet	ihr wüschet
sie wuschen	sie wüschen

Perfect indicative	*Future indicative*
ich habe gewaschen	ich werde waschen
du hast gewaschen	du wirst waschen
er hat gewaschen	er wird waschen
wir haben gewaschen	wir werden waschen
ihr habt gewaschen	ihr werdet waschen
sie haben gewaschen	sie werden waschen

Pluperfect indicative	*Conditional*
ich hatte gewaschen	ich würde waschen
du hattest gewaschen	du würdest waschen
er hatte gewaschen	er würde waschen
wir hatten gewaschen	wir würden waschen
ihr hattet gewaschen	ihr würdet waschen
sie hatten gewaschen	sie würden waschen

Imperative wasch(e)! waschen wir! wascht! waschen Sie!

weben *to weave*

Present participle webend
Past participle gewoben

Present indicative	*Present subjunctive*
ich webe	ich webe
du webst	du webest
er webt	er webe
wir weben	wir weben
ihr webt	ihr webet
sie weben	sie weben

Imperfect indicative	*Imperfect subjunctive*
ich wob	ich wöbe
du wob(e)st	du wöbest
er wob	er wöbe
wir woben	wir wöben
ihr wobt	ihr wöbet
sie woben	sie wöben

Perfect indicative	*Future indicative*
ich habe gewoben	ich werde weben
du hast gewoben	du wirst weben
er hat gewoben	er wird weben
wir haben gewoben	wir werden weben
ihr habt gewoben	ihr werdet weben
sie haben gewoben	sie werden weben

Pluperfect indicative	*Conditional*
ich hatte gewoben	ich würde weben
du hattest gewoben	du würdest weben
er hatte gewoben	er würde weben
wir hatten gewoben	wir würden weben
ihr hattet gewoben	ihr würdet weben
sie hatten gewoben	sie würden weben

Imperative web(e)! weben wir! webt! weben Sie!

weichen *to yield, give way*

Present participle weichend
Past participle gewichen

Present indicative
ich weiche
du weichst
er weicht
wir weichen
ihr weicht
sie weichen

Present subjunctive
ich weiche
du weichest
er weiche
wir weichen
ihr weichet
sie weichen

Imperfect indicative
ich wich
du wichst
er wich
wir wichen
ihr wicht
sie wichen

Imperfect subjunctive
ich wiche
du wichest
er wiche
wir wichen
ihr wichet
sie wichen

Perfect indicative
ich bin gewichen
du bist gewichen
er ist gewichen
wir sind gewichen
ihr seid gewichen
sie sind gewichen

Future indicative
ich werde weichen
du wirst weichen
er wird weichen
wir werden weichen
ihr werdet weichen
sie werden weichen

Pluperfect indicative
ich war gewichen
du warst gewichen
er war gewichen
wir waren gewichen
ihr wart gewichen
sie waren gewichen

Conditional
ich würde weichen
du würdest weichen
er würde weichen
wir würden weichen
ihr würdet weichen
sie würden weichen

Imperative weich(e)! weichen wir! weicht! weichen Sie!

weisen *to show*

Present participle weisend
Past participle gewiesen

Present indicative	*Present subjunctive*
ich weise	ich weise
du weist	du weisest
er weist	er weise
wir weisen	wir weisen
ihr weist	ihr weiset
sie weisen	sie weisen

Imperfect indicative	*Imperfect subjunctive*
ich wies	ich wiese
du wiesest	du wiesest
er wies	er wiese
wir wiesen	wir wiesen
ihr wiest	ihr wieset
sie wiesen	sie wiesen

Perfect indicative	*Future indicative*
ich habe gewiesen	ich werde weisen
du hast gewiesen	du wirst weisen
er hat gewiesen	er wird weisen
wir haben gewiesen	wir werden weisen
ihr habt gewiesen	ihr werdet weisen
sie haben gewiesen	sie werden weisen

Pluperfect indicative	*Conditional*
ich hatte gewiesen	ich würde weisen
du hattest gewiesen	du würdest weisen
er hatte gewiesen	er würde weisen
wir hatten gewiesen	wir würden weisen
ihr hattet gewiesen	ihr würdet weisen
sie hatten gewiesen	sie würden weisen

Imperative weis(e)! weisen wir! weist! weisen Sie!

wenden *to turn*

Present participle wendend
Past participle gewandt

Present indicative	*Present subjunctive*
ich wende	ich wende
du wendest	du wendest
er wendet	er wende
wir wenden	wir wenden
ihr wendet	ihr wendet
sie wenden	sie wenden

Imperfect indicative	*Imperfect subjunctive*
ich wandte	ich wendete
du wandtest	du wendetest
er wandte	er wendete
wir wandten	wir wendeten
ihr wandtet	ihr wendetet
sie wandten	sie wendeten

Perfect indicative	*Future indicative*
ich habe gewandt	ich werde wenden
du hast gewandt	du wirst wenden
er hat gewandt	er wird wenden
wir haben gewandt	wir werden wenden
ihr habt gewandt	ihr werdet wenden
sie haben gewandt	sie werden wenden

Pluperfect indicative	*Conditional*
ich hatte gewandt	ich würde wenden
du hattest gewandt	du würdest wenden
er hatte gewandt	er würde wenden
wir hatten gewandt	wir würden wenden
ihr hattet gewandt	ihr würdet wenden
sie hatten gewandt	sie würden wenden

Imperative wend(e)! wenden wir! wendet! wenden Sie!

werben *to recruit, advertise*

Present participle werbend
Past participle geworben

Present indicative	*Present subjunctive*
ich werbe	ich werbe
du wirbst	du werbest
er wirbt	er werbe
wir werben	wir werben
ihr werbt	ihr werbet
sie werben	sie werben

Imperfect indicative	*Imperfect subjunctive*
ich warb	ich würbe
du warbst	du würbest
er warb	er würbe
wir warben	wir würben
ihr warbt	ihr würbet
sie warben	sie würben

Perfect indicative	*Future indicative*
ich bin/habe geworben	ich werde werben
du bist/hast geworben	du wirst werben
er ist/hat geworben	er wird werben
wir sind/haben geworben	wir werden werben
ihr seid/habt geworben	ihr werdet werben
sie sind/haben geworben	sie werden werben

Pluperfect indicative	*Conditional*
ich war/hatte geworben	ich würde werben
du warst/hattest geworben	du würdest werben
er war/hatte geworben	er würde werben
wir waren/hatten geworben	wir würden werben
ihr wart/hattet geworben	ihr würdet werben
sie waren/hatten geworben	sie würden werben

Imperative wirb! werben wir! werbt! werben Sie!

werden *to become*

Present participle werdend
Past participle geworden/worden

Present indicative	*Present subjunctive*
ich wird	ich werde
du wirst	du werdest
er wird	er werde
wir werden	wir werden
ihr werdet	ihr werdet
sie werden	sie werden
Imperfect indicative	*Imperfect subjunctive*
ich wurde	ich würde
du wurdest	du würdest
er wurde	er würde
wir wurden	wir würden
ihr wurdet	ihr würdet
sie wurden	sie würden
Perfect indicative	*Future indicative*
ich bin geworden	ich werde werden
du bist geworden	du wirst werden
er ist geworden	er wird werden
wir sind geworden	wir werden werden
ihr seid geworden	ihr werdet werden
sie sind geworden	sie werden werden
Pluperfect indicative	*Conditional*
ich war geworden	ich würde werden
du warst geworden	du würdest werden
er war geworden	er würde werden
wir waren geworden	wir würden werden
ihr wart geworden	ihr würdet werden
sie waren geworden	sie würden werden

Imperative werde! werden wir! werdet! werden Sie!

werfen *to throw*

Present participle werfend
Past participle geworfen

Present indicative	*Present subjunctive*
ich werfe	ich werfe
du wirfst	du werfest
er wirft	er werfe
wir werfen	wir werfen
ihr werft	ihr werfet
sie werfen	sie werfen

Imperfect indicative	*Imperfect subjunctive*
ich warf	ich würfe
du warfst	du würfest
er warf	er würfe
wir warfen	wir würfen
ihr warft	ihr würfet
sie warfen	sie würfen

Perfect indicative	*Future indicative*
ich habe geworfen	ich werde werfen
du hast geworfen	du wirst werfen
er hat geworfen	er wird werfen
wir haben geworfen	wir werden werfen
ihr habt geworfen	ihr werdet werfen
sie haben geworfen	sie werden werfen

Pluperfect indicative	*Conditional*
ich hatte geworfen	ich würde werfen
du hattest geworfen	du würdest werfen
er hatte geworfen	er würde werfen
wir hatten geworfen	wir würden werfen
ihr hattet geworfen	ihr würdet werfen
sie hatten geworfen	sie würden werfen

Imperative wirf! werfen wir! werft! werfen Sie!

wiegen *to weigh*

Present participle wiegend
Past participle gewogen

Present indicative
ich wiege
du wiegst
er wiegt
wir wiegen
ihr wiegt
sie wiegen

Present subjunctive
ich wiege
du wiegest
er wiege
wir wiegen
ihr wieget
sie wiegen

Imperfect indicative
ich wog
du wogst
er wog
wir wogen
ihr wogt
sie wogen

Imperfect subjunctive
ich wöge
du wögest
er wöge
wir wögen
ihr wöget
sie wögen

Perfect indicative
ich habe gewogen
du hast gewogen
er hat gewogen
wir haben gewogen
ihr habt gewogen
sie haben gewogen

Future indicative
ich werde wiegen
du wirst wiegen
er wird wiegen
wir werden wiegen
ihr werdet wiegen
sie werden wiegen

Pluperfect indicative
ich hatte gewogen
du hattest gewogen
er hatte gewogen
wir hatten gewogen
ihr hattet gewogen
sie hatten gewogen

Conditional
ich würde wiegen
du würdest wiegen
er würde wiegen
wir würden wiegen
ihr würdet wiegen
sie würden wiegen

Imperative wieg(e)! wiegen wir! wiegt! wiegen Sie!

winden *to wind*

Present participle windend
Past participle gewunden

Present indicative	*Present subjunctive*
ich winde	ich winde
du windest	du windest
er windet	er winde
wir winden	wir winden
ihr windet	ihr windet
sie winden	sie winden

Imperfect indicative	*Imperfect subjunctive*
ich wand	ich wände
du wandest	du wändest
er wand	er wände
wir wanden	wir wänden
ihr wandet	ihr wändet
sie wanden	sie wänden

Perfect indicative	*Future indicative*
ich habe gewunden	ich werde winden
du hast gewunden	du wirst winden
er hat gewunden	er wird winden
wir haben gewunden	wir werden winden
ihr habt gewunden	ihr werdet winden
sie haben gewunden	sie werden winden

Pluperfect indicative	*Conditional*
ich hatte gewunden	ich würde winden
du hattest gewunden	du würdest winden
er hatte gewunden	er würde winden
wir hatten gewunden	wir würden winden
ihr hattet gewunden	ihr würdet winden
sie hatten gewunden	sie würden winden

Imperative wind(e)! winden wir! windet! winden Sie!

wissen *to know*

Present participle wissend
Past participle gewußt

Present indicative	*Present subjunctive*
ich weiß	ich wisse
du weißt	du wissest
er weiß	er wisse
wir wissen	wir wissen
ihr wißt	ihr wisset
sie wissen	sie wissen
Imperfect indicative	*Imperfect subjunctive*
ich wußte	ich wüßte
du wußtest	du wüßtest
er wußte	er wüßte
wir wußten	wir wüßten
ihr wußtet	ihr wüßtet
sie wußten	sie wüßten
Perfect indicative	*Future indicative*
ich habe gewußt	ich werde wissen
du hast gewußt	du wirst wissen
er hat gewußt	er wird wissen
wir haben gewußt	wir werden wissen
ihr habt gewußt	ihr werdet wissen
sie haben gewußt	sie werden wissen
Pluperfect indicative	*Conditional*
ich hatte gewußt	ich würde wissen
du hattest gewußt	du würdest wissen
er hatte gewußt	er würde wissen
wir hatten gewußt	wir würden wissen
ihr hattet gewußt	ihr würdet wissen
sie hatten gewußt	sie würden wissen

Imperative wisse! wissen wir! wisset! wissen Sie!

wollen *to want*

Present participle wollend
Past participle gewollt/wollen

Present indicative	*Present subjunctive*
ich will	ich wolle
du willst	du wollest
er will	er wolle
wir wollen	wir wollen
ihr wollt	ihr wollet
sie wollen	sie wollen

Imperfect indicative	*Imperfect subjunctive*
ich wollte	ich wollte
du wolltest	du wolltest
er wollte	er wollte
wir wollten	wir wollten
ihr wolltet	ihr wolltet
sie wollten	sie wollten

Perfect indicative	*Future indicative*
ich habe gewollt	ich werde wollen
du hast gewollt	du wirst wollen
er hat gewollt	er wird wollen
wir haben gewollt	wir werden wollen
ihr habt gewollt	ihr werdet wollen
sie haben gewollt	sie werden wollen

Pluperfect indicative	*Conditional*
ich hatte gewollt	ich würde wollen
du hattest gewollt	du würdest wollen
er hatte gewollt	er würde wollen
wir hatten gewollt	wir würden wollen
ihr hattet gewollt	ihr würdet wollen
sie hatten gewollt	sie würden wollen

Imperative wolle! wollen wir! wollt! wollen Sie!

wringen *to wring*

Present participle wringend
Past participle gewrungen

Present indicative	*Present subjunctive*
ich wringe	ich wringe
du wringst	du wringest
er wringt	er wringe
wir wringen	wir wringen
ihr wringt	ihr wringet
sie wringen	sie wringen
Imperfect indicative	*Imperfect subjunctive*
ich wrang	ich wränge
du wrangst	du wrängest
er wrang	er wränge
wir wrangen	wir wrängen
ihr wrangt	ihr wränget
sie wrangen	sie wrängen
Perfect indicative	*Future indicative*
ich habe gewrungen	ich werde wringen
du hast gewrungen	du wirst wringen
er hat gewrungen	er wird wringen
wir haben gewrungen	wir werden wringen
ihr habt gewrungen	ihr werdet wringen
sie haben gewrungen	sie werden wringen
Pluperfect indicative	*Conditional*
ich hatte gewrungen	ich würde wringen
du hattest gewrungen	du würdest wringen
er hatte gewrungen	er würde wringen
wir hatten gewrungen	wir würden wringen
ihr hattet gewrungen	ihr würdet wringen
sie hatten gewrungen	sie würden wringen

Imperative wring(e)! wringen wir! wringt! wringen Sie!

zerstören *to destroy*

Present participle zerstörend
Past participle zerstört

Present indicative
ich zerstöre
du zerstörst
er zerstört
wir zerstören
ihr zerstört
sie zerstören

Present subjunctive
ich zerstöre
du zerstörest
er zerstöre
wir zerstören
ihr zerstöret
sie zerstören

Imperfect indicative
ich zerstörte
du zerstörtest
er zerstörte
wir zerstörten
ihr zerstörtet
sie zerstörten

Imperfect subjunctive
ich zerstörte
du zerstörtest
er zerstörte
wir zerstörten
ihr zerstörtet
sie zerstörten

Perfect indicative
ich habe zerstört
du hast zerstört
er hat zerstört
wir haben zerstört
ihr habt zerstört
sie haben zerstört

Future indicative
ich werde zerstören
du wirst zerstören
er wird zerstören
wir werden zerstören
ihr werdet zerstören
sie werden zerstören

Pluperfect indicative
ich hatte zerstört
du hattest zerstört
er hatte zerstört
wir hatten zerstört
ihr hattet zerstört
sie hatten zerstört

Conditional
ich würde zerstören
du würdest zerstören
er würde zerstören
wir würden zerstören
ihr würdet zerstören
sie würden zerstören

Imperative zerstör(e)! zerstören wir! zerstört! zerstören Sie!

ziehen *to draw, pull*

Present participle ziehend
Past participle gezogen

Present indicative	*Present subjunctive*
ich ziehe	ich ziehe
du ziehst	du ziehest
er zieht	er ziehe
wir ziehen	wir ziehen
ihr zieht	ihr ziehet
sie ziehen	sie ziehen
Imperfect indicative	*Imperfect subjunctive*
ich zog	ich zöge
du zogst	du zögest
er zog	er zöge
wir zogen	wir zögen
ihr zogt	ihr zöget
sie zogen	sie zögen
Perfect indicative	*Future indicative*
ich bin/habe gezogen	ich werde ziehen
du bist/hast gezogen	du wirst ziehen
er ist/hat gezogen	er wird ziehen
wir sind/haben gezogen	wir werden ziehen
ihr seid/habt gezogen	ihr werdet ziehen
sie sind/haben gezogen	sie werden ziehen
Pluperfect indicative	*Conditional*
ich war/hatte gezogen	ich würde ziehen
du warst/hattest gezogen	du würdest ziehen
er war/hatte gezogen	er würde ziehen
wir waren/hatten gezogen	wir würden ziehen
ihr wart/hattet gezogen	ihr würdet ziehen
sie waren/hatten gezogen	sie würden ziehen

Imperative zieh(e)! ziehen wir! zieht! ziehen Sie!

zwingen *to compel, force*

Present participle zwingend
Past participle gezwungen

Present indicative	*Present subjunctive*
ich zwinge	ich zwinge
du zwingst	du zwingest
er zwingt	er zwinge
wir zwingen	wir zwingen
ihr zwingt	ihr zwinget
sie zwingen	sie zwingen

Imperfect indicative	*Imperfect subjunctive*
ich zwang	ich zwänge
du zwangst	du zwängest
er zwang	er zwänge
wir zwangen	wir zwängen
ihr zwangt	ihr zwänget
sie zwangen	sie zwängen

Perfect indicative	*Future indicative*
ich habe gezwungen	ich werde zwingen
du hast gezwungen	du wirst zwingen
er hat gezwungen	er wird zwingen
wir haben gezwungen	wir werden zwingen
ihr habt gezwungen	ihr werdet zwingen
sie haben gezwungen	sie werden zwingen

Pluperfect indicative	*Conditional*
ich hatte gezwungen	ich würde zwingen
du hattest gezwungen	du würdest zwingen
er hatte gezwungen	er würde zwingen
wir hatten gezwungen	wir würden zwingen
ihr hattet gezwungen	ihr würdet zwingen
sie hatten gezwungen	sie würden zwingen

Imperative zwing(e)! zwingen wir! zwingt! zwingen Sie!